KB212362

화엄경 독경본

2

화엄경 독경본 2

여래현상품~화장세계품②

실차난타 한역 · 관허수진 번역

운주사

봄 타고 화장세계 나들이

봄이 왔네요.

산자락 언덕에도 후미진 실계곡에도 봄이 왔네요.

얼음 사이 미소 띠고 흐르는 저 작은 목소리

버들강아지 눈개비 다칠라 숨죽여 흐르는 저 은빛 물소리

진정 봄이 왔나보다.

그래

내 마음에도 모든 사람들의 마음에도 화사한

봄이 왔으면 좋겠다.

영세에 사라지지 않는 봄이 왔으면 말이다.

봄

생각만 해도 가슴 여미는 계절이지요.

이 봄 따라 봄나들이 어떻습니까.

뒷동산 산자락 실계곡 아지랑이 따라

화엄경을 타고 화엄의 세상으로

수많은 진리의 꽃으로 장엄한 부처님 최초의 노래

화장세계 그 속으로 말입니다.

우리의 마음은 화가와 같다고 하였던가요.

하얀 종이 위에 화엄의 그림을

그려 보시지요.

내가 누구인가 자유롭게 그려 보시지요.

우납이 역주한 『청량국사 화엄경소초』 제9권에 화엄전기를 인용하여 말하기를,

수나라 혜오 스님은 매일같이 화엄경을 독송한 공덕으로 산신의 공양청을 받았고 일천 명 나한의 최고 상석에 자리하셨으며,

번현지樊玄智는 두순의 제자로 매일같이 화엄경을 독송하여 입안에 백과의 사리를 얻었고,

혜우 스님은 지엄의 제자로 매일같이 밤마다 향을 사르고 여래출현품을 독송함에 황금색신의 열 보살이 광명을 놓고 연꽃자리에 앉아 있다가 홀연히 사라지는 모습을 보았으며,

혹은 화엄경을 독송하고 서사함에 한겨울에도 접시꽃이 예쁘게 피어났고 상서로운 새들이 꽃을 물고 왔다 하였으며,

왕명관은 사구게송만 독송하고도 지옥에서 헤어나 인도에 환생하였다 하였으니 그 화엄경을 독송한 가피와 공덕은 이루 다 말할 수가 없습니다.

어떻습니까.

이 상서와 가피를 가슴에 그리며 봄나래 타고 화장세계 속으로 나와 모든 사람들이 평온으로 웃는 그날까지 여행을 떠나 보지 않으시겠습니까.

이 화엄경 독경본은 화장세계 여행 그 나들이를 위하여 세상에 나온 것입니다.

2022년 3월 6일
승학산 화장원에서 관허

여래현상품

그때에 모든 보살과 그리고 일체 세간의 주인들이
이와 같이 사유하되

　어떤 것이 모든 부처님의 지위이며

　어떤 것이 모든 부처님의 경계이며

　어떤 것이 이 모든 부처님의 가지加持이며

　어떤 것이 이 모든 부처님의 소행이며

　어떤 것이 이 모든 부처님의 힘이며

　어떤 것이 이 모든 부처님의 두려워하는 바가
없는 것이며

　어떤 것이 이 모든 부처님의 삼매이며

　어떤 것이 이 모든 부처님의 신통이며

　어떤 것이 이 모든 부처님의 자재이며

어떤 것이 이 모든 부처님의 능히 섭취할 수 없는 것이며

어떤 것이 이 모든 부처님의 눈이며

어떤 것이 이 모든 부처님의 귀이며

어떤 것이 이 모든 부처님의 코이며

어떤 것이 이 모든 부처님의 혀이며

어떤 것이 이 모든 부처님의 몸이며

어떤 것이 이 모든 부처님의 뜻이며

어떤 것이 이 모든 부처님의 몸의 빛이며

어떤 것이 이 모든 부처님의 광명이며

어떤 것이 이 모든 부처님의 음성이며

어떤 것이 이 모든 부처님의 지혜입니까.

오직 원컨대 세존께서는 저희 등을 어여삐 여겨 개시開示하시고 연설하소서.

또 시방세계의 바다에 일체 모든 부처님이 다

모든 보살을 위하여 세계의 바다와 중생의 바다와

법계 안립의 바다와 부처님의 바다와

부처님 바라밀의 바다와 부처님 해탈의 바다와

부처님 신통변화의 바다와 부처님 연설의 바다와

부처님 명호의 바다와 부처님 수명 양量의 바다와

그리고 일체 보살 서원의 바다와 일체 보살 발취의
바다와

일체 보살 조도의 바다와 일체 보살 승乘의 바다와

일체 보살 행의 바다와 일체 보살 출리의 바다와

일체 보살 신통의 바다와 일체 보살 바라밀의
바다와

일체 보살 지위의 바다와 일체 보살 지혜의 바다를
설하시나니

원컨대 부처님 세존께서는 또한 우리 등을 위하여
이와 같이 연설하소서.

그때에 모든 보살의 위신력인 까닭으로 일체 공양구의 구름 가운데서 자연스레 음성이 나와 게송을 설하여 말하기를,

한량없는 세월 가운데 수행이 만족하여
보리수나무 아래서 정각을 성취하시며
중생을 제도하기 위하여 널리 몸을 나타내시되
구름과 같이 미래세가 다하도록 충만하여 두루하게 하십니다.

중생이 의심 있으면 다 하여금 끊게 하시고
광대한 믿음과 지혜를 다 하여금 일으키게 하시며
끝없는 고통을 널리 하여금 제멸하게 하시고
모든 부처님의 안락을 다 하여금 증득케 하십니다.

보살은 수가 없어 국토 티끌 수 같지만

함께 이 회상에 와서 같이 보고 우러르니
원컨대 그들의 뜻에 응당 감수할 바를 따라서
묘법을 연설하여 의혹을 제멸하게 하소서.

어떤 것이 모든 부처님의 지위를 요달하여 아는 것
이며
어떤 것이 여래의 경계를 관찰하는 것이며
부처님의 가지加持하는 바가 끝이 없는 것입니까.
이 법을 현시하여 하여금 청정케 하소서.

어떤 것이 이 부처님의 행하신 바 처소에
지혜로써 능히 밝게 들어가는 것이며
부처님의 힘이 청정하고 광대하여 끝이 없는 것입
니까.
모든 보살을 위하여 응당 열어 보이소서.

어떤 것이 광대한 모든 부처님의 삼매이며
어떤 것이 두려워하는 바가 없는 법을 청정하게 닦는
것이며
신통력의 작용이 가히 헤아릴 수 없는 것입니까.
원컨대 중생의 마음에 즐거워함을 따라 연설하소서.

모든 부처님 법왕은 세간의 주인과 같으시니
소행이 자재한 것과 능히 제복할 수 없는 것과
그리고 나머지 일체 광대한 법을
이익케 하기 위한 까닭으로 마땅히 열어 연설하소서.

부처님의 눈이 어떻게 한량이 없으며
귀·코·혀·몸도 또한 다시 어떻게 그러하며
뜻이 한량이 없는 것은 다시 어떠합니까.
원컨대 능히 이것을 아는 방편을 열어 보이소서.

저 모든 국토 바다와 중생의 바다와
법계가 소유한 안립의 바다와
그리고 모든 부처님의 바다가 끝이 없나니
원컨대 불자를 위하여 다 열어 펼치소서.

영원히 사의를 벗어난 많은 바라밀의 바다와
널리 해탈에 들어가는 방편의 바다와
소유하신 일체 법문의 바다를
이 도량 가운데서 원컨대 선설하소서.

　　그때에 세존이 모든 보살의 마음에 생각하는 바를
아시고 곧 면문面門의 수많은 치아 사이에 부처님
국토에 작은 티끌 수만치 많은 광명을 놓으시니
　말하자면 수많은 보배 꽃이 두루 비추는 광명과
　가지가지 음성을 내어 법계를 장엄하는 광명과
　미묘한 구름을 내려 펼치는 광명과

시방에 부처님이 도량에 앉아 신통변화를 나타내는 광명과

일체 보배 불꽃에 구름 일산 광명과

법계에 충만한 걸림 없는 광명과

일체 부처님의 국토를 두루 장엄하는 광명과

멀리 청정한 금강 보배 당기를 건립하는 광명과

널리 보살 중회의 도량을 장엄하는 광명과

묘한 음성으로 일체 부처님의 명호를 칭양하는 광명입니다.

이와 같은 등이 부처님 국토의 작은 티끌 수만치 많았습니다.

낱낱 광명에 다시 부처님 국토의 작은 티끌 수만치 많은 광명이 있어서 권속을 삼았나니

그 광명이 다 수많은 묘한 보배 색상을 갖추어 널리 시방으로 각각 일억 부처님 국토의 작은 티끌 수만치 많은 세계의 바다를 비추니 저 세계의 바다에

모든 보살 대중이 광명 가운데 각각 이 화장장엄세계의 바다를 봄을 얻었습니다.

그때에 부처님의 신통력으로써 그 광명이 저 일체 보살의 대중이 모인 앞에서 게송을 설하여 말하기를,

한량없는 세월 가운데 행의 바다를 닦아
시방에 모든 부처님의 바다에 공양하고
일체중생을 교화하여 제도하였기에
지금에 묘각변조존妙覺遍照尊을 성취하셨습니다.

털구멍 가운데 변화의 구름을 내어
광명이 널리 시방을 비추니
응당 교화를 받을 사람은 다 개각開覺하여
하여금 보리에 나아가 청정하여 걸림이 없게 하셨습

니다.

부처님이 옛날에 제취諸趣 가운데 왕래하여
모든 군생을 교화하여 성숙케 하시되
신통이 자재하여 끝도 한량도 없었기에
한 생각에 다 하여금 해탈을 얻게 하셨습니다.

마니의 묘한 보배인 보리수가
가지가지 장엄으로 다 수특殊特하나니
부처님이 그 아래서 정각을 이루시고
큰 광명을 놓아 널리 위엄스레 비추십니다.

큰소리로 진동하고 사자후하여 시방에 두루하사
널리 적멸법을 크게 선설하시되
모든 중생의 마음에 좋아하는 바를 따라서
가지가지 방편으로 하여금 열어 알게 하십니다.

16

지나간 옛날에 모든 바라밀을 닦아 다 원만히 하여
일천 국토의 작은 티끌 수와 같이 하였으며
일체 모든 힘을 다 이미 원만하게 성취하였나니
그대 등은 응당 가서 다 우러러보고 예경할 것입니다.

시방에 불자가 국토의 티끌 수같이 많지만
다 함께 환희로 모여와
이미 모든 구름을 비 내려 공양하고
지금 부처님 앞에 있으면서 오로지 보고 우러릅니다.

여래의 한 소리는 한량이 없어서
능히 계경契經의 깊고도 큰 바다를 연설하여
널리 묘한 법을 비 내려 군생의 마음에 응하시니
저 양족존을 마땅히 가서 친견할 것입니다.

삼세에 모든 부처님이 소유한 서원을

보리수 아래서 다 선설하되

한 찰나 가운데 다 앞에 나타내시나니

그대들은 가히 여래의 처소에 빨리 나아갈 것입니다.

비로자나 큰 지혜의 바다가

면문에 놓은 광명을 보지 않는 이가 없거늘

지금에 대중이 운집함을 기다려 장차 법음을 연설하

려 하나니

그대들은 가히 가서 설하는 바를 보고 들을 것입니다.

　그때에 시방세계의 바다에 일체 모인 대중이 부처

님이 광명으로 열어 깨닫게 한 바를 입어 마치고

각각 함께 와서 비로자나여래의 처소에 나아가 친근

하고 공양하였나니

　말하자면 이 화장장엄세계의 바다 동방에 다음으

로 세계의 바다가 있나니 이름이 청정한 광명 연꽃의

장엄이요

저 세계의 종種 가운데에 국토가 있나니 이름이 마니 영락 금강의 창고요

부처님은 이름이 법수로 허공이 끝이 없음을 깨달은 왕이요

저 여래의 대중의 바다 가운데 보살마하살이 있나니 이름이 수승한 법을 관찰하는 연꽃당기입니다.

세계의 바다에 작은 티끌 수만치 많은 모든 보살로 더불어 함께 와서 부처님의 처소에 나아가 각각 열 가지 보살의 신상身相의 구름을 나타내어 허공에 두루 가득하게 하여 흩어져 사라지지 않게 하였으며

다시 열 가지 일체 보배 연꽃을 비 내리는 광명의 구름을 나타내며

다시 열 가지 수미산 보배 봉우리의 구름을 나타내며

다시 열 가지 태양 광명의 구름을 나타내며

다시 열 가지 보배 영락의 구름을 나타내며

다시 열 가지 일체 음악의 구름을 나타내며

다시 열 가지 말향나무의 구름을 나타내며

다시 열 가지 도향·소향의 수많은 색상의 구름을 나타내며

다시 열 가지 일체 향나무의 구름을 나타내어 이와 같은 등 세계의 바다에 작은 티끌 수만치 많은 모든 공양의 구름을 다 허공에 두루하게 하여 흩어져 사라지지 않게 하였습니다.

이와 같은 공양의 구름을 나타내어 마치고 부처님을 향하여 예를 지어 공양하고 곧 동방에 각각 가지가지 연꽃 광명장 사자의 자리를 변화하여 만들어 그 자리 위에 결가부좌하고 앉았습니다.

이 화장세계의 바다 남방에 차례로 세계의 바다가 있나니 이름이 일체 보배 달광명으로 장엄한 창고요

저 세계의 종種 가운데 국토가 있나니 이름이 끝없는 광명으로 원만하게 장엄한 것이요

부처님은 이름이 넓은 지혜 광명공덕을 가진 수미산 왕이요

저 여래의 대중의 바다 가운데 보살마하살이 있나니 이름이 널리 법의 바다를 비추는 지혜입니다.

세계의 바다에 작은 티끌 수만치 많은 모든 보살로 더불어 함께 와서 부처님의 처소에 나아가 각각 열 가지 일체 장엄한 광명의 창고에 마니왕의 구름을 나타내어 허공에 두루 가득하게 하여 흩어져 사라지지 않게 하였으며

다시 열 가지 일체 보배 장엄구를 비 내려 널리 비추는 마니왕의 구름을 나타내며

다시 열 가지 보배 불꽃이 타올라 부처님의 이름을 칭양하는 마니왕의 구름을 나타내며

다시 열 가지 일체 불법을 설하는 마니왕의 구름을

나타내며

　다시 열 가지 수많은 묘한 나무로 도량을 장엄하는 마니왕의 구름을 나타내며

　다시 열 가지 보배광명이 널리 비추어 수많은 화신불을 나타내는 마니왕의 구름을 나타내며

　다시 열 가지 널리 일체 도량에 장엄상을 나타내는 마니왕의 구름을 나타내며

　다시 열 가지 세밀한 불꽃 등이 모든 부처님의 경계를 설하는 마니왕의 구름을 나타내며

　다시 열 가지 사의할 수 없는 부처님 국토에 궁전상인 마니왕의 구름을 나타내며

　다시 열 가지 삼세에 불신상을 널리 나타내는 마니왕의 구름을 나타내어 이와 같은 등 세계의 바다에 작은 티끌 수만치 많은 마니왕의 구름을 다 허공에 두루하게 하여 흩어져 사라지지 않게 하였습니다.

이와 같은 공양의 구름을 나타내어 마치고 부처님을 향하여 예를 지어 공양하고, 곧 남방에 각각 검푸른 염부단금에 연화장 사자의 자리를 변화하여 만들어 그 자리 위에 결가부좌하고 앉았습니다.

이 화장세계의 바다 서방에 차례로 세계의 바다가 있나니 이름이 가히 좋아하는 보배광명이요
저 세계의 종 가운데 국토가 있나니 이름이 최상으로 묘한 몸을 돕는 기구를 출생하는 것이요
부처님은 이름이 향불공덕 보배장엄이요
저 여래의 대중의 바다 가운데 보살마하살이 있나니 이름이 달빛에 향불로 널리 장엄한 것입니다.
세계의 바다에 작은 티끌 수만치 많은 모든 보살로 더불어 함께 와서 부처님의 처소에 나아가 각각 열 가지 일체 보배향과 수많은 묘한 꽃 누각의 구름을 나타내어 허공에 두루 가득하게 하여 흩어져 사라지

지 않게 하였으며

다시 열 가지 끝없는 색상과 수많은 보배왕 누각의 구름을 나타내며

다시 열 가지 보배 등·향에 불꽃 누각의 구름을 나타내며

다시 열 가지 일체 진주 누각의 구름을 나타내며

다시 열 가지 일체 보배 꽃 누각의 구름을 나타내며

다시 열 가지 보배 영락으로 장엄한 누각의 구름을 나타내며

다시 열 가지 시방에 일체 장엄한 광명장을 널리 나타내는 누각의 구름을 나타내며

다시 열 가지 수많은 보배 가루로 사이에 섞어 장엄한 누각의 구름을 나타내며

다시 열 가지 수많은 보배가 시방에 두루하여 일체 장엄한 누각의 구름을 나타내며

다시 열 가지 꽃 문과 방울, 그물로 된 누각의

구름을 나타내어 이와 같은 등 세계의 바다에 작은 티끌 수만치 많은 누각의 구름을 다 허공에 두루하게 하여 흩어져 사라지지 않게 하였습니다.

이와 같은 공양의 구름을 나타내어 마치고 부처님을 향하여 예를 지어 공양하고 곧 서방에 각각 황금잎에 대보장 사자의 자리를 변화하여 만들어 그 자리 위에 결가부좌하고 앉았습니다.

이 화장세계의 바다 북방에 차례로 세계의 바다가 있나니 이름이 비유리 연꽃 광명이 원만한 창고요

저 세계의 종 가운데 국토가 있나니 이름이 우발라 연꽃 장엄이요,

부처님은 이름이 넓은 지혜 당기 음성왕이요

저 여래의 대중의 바다 가운데 보살마하살이 있나니 이름이 사자가 분신하는 광명입니다.

세계의 바다에 작은 티끌 수만치 많은 모든 보살로

더불어 함께 와서 부처님의 처소에 나아가 각각 열 가지 일체 향인 마니와 수많은 묘한 나무의 구름을 나타내어 허공에 두루 가득하게 하여 흩어져 사라지지 않게 하였으며

다시 열 가지 조밀한 잎에 묘한 향기로 장엄한 나무의 구름을 나타내며

다시 열 가지 일체 끝없는 색상의 나무를 화현하여 장엄한 나무의 구름을 나타내며

다시 열 가지 일체 꽃으로 두루 펴 장엄한 나무의 구름을 나타내며

다시 열 가지 일체 보배 불꽃의 원만한 광명으로 장엄한 나무의 구름을 나타내며

다시 열 가지 일체 전단향 보살의 몸을 나타내어 장엄한 나무의 구름을 나타내며

다시 열 가지 지나간 옛날의 도량 처소에 사의할 수 없음을 나타내어 장엄한 나무의 구름을 나타내며

다시 열 가지 수많은 보배 의복의 창고가 마치 태양의 광명과 같은 나무의 구름을 나타내며

다시 열 가지 일체 마음을 기쁘게 하는 음성을 널리 일으키는 나무의 구름을 나타내어 이와 같은 등 세계의 바다에 작은 티끌 수만치 많은 나무의 구름을 다 허공에 두루하게 하여 흩어져 사라지지 않게 하였습니다.

이와 같은 공양의 구름을 나타내어 마치고 부처님을 향하여 예를 지어 공양하고 곧 북방에 각각 마니등에 연화장 사자의 자리를 변화하여 만들어 그 자리 위에 결가부좌하고 앉았습니다.

이 화장세계의 바다 동북방에 차례로 세계의 바다가 있나니 이름이 염부단금의 파려색 당기요

저 세계의 종 가운데 국토가 있나니 이름이 수많은 보배장엄이요,

부처님은 이름이 일체 법에 두려움이 없는 등불이요

저 여래의 대중의 바다 가운데 보살마하살이 있나니 이름이 가장 수승한 광명등불의 다함이 없는 공덕 창고입니다.

세계의 바다에 작은 티끌 수만치 많은 모든 보살로 더불어 함께 와서 부처님의 처소에 나아가 각각 열 가지 끝없는 색상에 보배 연화장 사자좌의 구름을 나타내어 허공에 두루 가득하게 하여 흩어져 사라지지 않게 하였으며

다시 열 가지 마니왕에 광명장 사자좌의 구름을 나타내며

다시 열 가지 일체 장엄구로 가지가지 교정하여 꾸민 사자좌의 구름을 나타내며

다시 열 가지 수많은 보배 화만에 등불장藏 사자좌의 구름을 나타내며

다시 열 가지 보배 영락을 널리 비 내리는 사자좌의 구름을 나타내며

다시 열 가지 일체 향과 꽃에 보배 영락장 사자좌의 구름을 나타내며

다시 열 가지 일체 부처님의 자리에 장엄을 시현하는 마니왕장 사자좌의 구름을 나타내며

다시 열 가지 문과 창과 섬돌과 그리고 영락으로 일체를 장엄한 사자좌의 구름을 나타내며

다시 열 가지 일체 마니 나무에 보배 가지와 줄기장藏 사자좌의 구름을 나타내며

다시 열 가지 보배향으로 사이에 꾸민 태양광명장 사자좌의 구름을 나타내어 이와 같은 등 세계의 바다에 작은 티끌 수만치 많은 사자좌의 구름을 다 허공에 두루하게 하여 흩어져 사라지지 않게 하였습니다.

이와 같은 공양의 구름을 나타내어 마치고 부처님

을 향하여 예를 지어 공양하고 곧 동북방에 각각 보배 연꽃 마니광명당 사자의 자리를 변화하여 만들어 그 자리 위에 결가부좌하고 앉았습니다.

이 화장세계의 바다 동남방에 차례로 세계의 바다가 있나니 이름이 황금장엄에 유리광명이 널리 비치는 것이요

저 세계의 종 가운데 국토가 있나니 이름이 청정한 향의 광명이요,

부처님은 이름이 넓은 기쁨에 깊은 믿음의 왕이요

저 여래의 대중의 바다 가운데 보살마하살이 있나니 이름이 지혜의 등불로 널리 밝히는 것입니다.

세계의 바다에 작은 티끌 수만치 많은 모든 보살로 더불어 함께 와서 부처님의 처소에 나아가 각각 열 가지 일체 여의왕 마니 휘장의 구름을 나타내어 허공에 두루 가득하게 하여 흩어져 사라지지 않게

하였으며

다시 열 가지 검푸른 보배에 일체 꽃으로 장엄한 휘장의 구름을 나타내며

다시 열 가지 일체 향 마니 휘장의 구름을 나타내며

다시 열 가지 보배 불꽃 등燈 휘장의 구름을 나타내며

다시 열 가지 부처님의 신통으로 설법함을 시현하는 마니 휘장의 구름을 나타내며

다시 열 가지 일체 의복에 장엄한 색상을 나타내는 마니 휘장의 구름을 나타내며

다시 열 가지 일체 보배 꽃에 모은 광명 휘장의 구름을 나타내며

다시 열 가지 보배 그물에 요령과 금탁 소리 나는 휘장의 구름을 나타내며

다시 열 가지 마니로 대臺가 되고 연꽃으로 그물이 된 휘장의 구름을 나타내며

다시 열 가지 일체 사의할 수 없는 장엄구의 색상을 나타내는 휘장의 구름을 나타내어 이와 같은 등 세계의 바다에 작은 티끌 수만치 많은 보배 휘장의 구름을 다 허공에 두루하게 하여 흩어져 사라지지 않게 하였습니다.

이와 같은 공양의 구름을 나타내어 마치고 부처님을 향하여 예를 지어 공양하고 곧 동남방에 각각 보배 연화장 사자의 자리를 변화하여 만들어 그 자리 위에 결가부좌하고 앉았습니다.

이 화장세계의 바다 서남방에 차례로 세계의 바다가 있나니 이름이 햇빛 광명이 두루 비추는 것이요

저 세계의 종 가운데 국토가 있나니 이름이 사자의 햇빛 광명이요,

부처님은 이름이 넓은 지혜 광명의 소리요

저 여래의 대중의 바다 가운데 보살마하살이 있나

니 이름이 넓은 꽃 광명 불꽃 상투입니다.

세계의 바다에 작은 티끌 수만치 많은 모든 보살로 더불어 함께 와서 부처님의 처소에 나아가 각각 열 가지 수많은 묘한 것을 장엄한 보배 일산의 구름을 나타내어 허공에 두루 가득하게 하여 흩어져 사라지지 않게 하였으며

다시 열 가지 광명으로 장엄한 꽃 일산의 구름을 나타내며

다시 열 가지 끝없는 색에 진주장 일산의 구름을 나타내며

다시 열 가지 일체 보살의 자비로 어여삐 여기는 음성을 내는 마니왕 일산의 구름을 나타내며

다시 열 가지 수많은 묘한 불꽃 화만 일산의 구름을 나타내며

다시 열 가지 묘한 보배로 장엄하여 꾸민 내려진 그물에 금탁 소리 나는 일산의 구름을 나타내며

다시 열 가지 마니 나무 가지로 장엄한 일산의 구름을 나타내며

다시 열 가지 태양의 광명이 널리 비치는 마니왕 일산의 구름을 나타내며

다시 열 가지 일체 도향과 소향 일산의 구름을 나타내며

다시 열 가지 전단장 일산의 구름을 나타내며

다시 열 가지 광대한 부처님의 경계인 넓은 광명으로 장엄한 일산의 구름을 나타내어 이와 같은 등 세계의 바다에 작은 티끌 수만치 많은 수많은 보배 일산의 구름을 다 허공에 두루하게 하여 흩어져 사라지지 않게 하였습니다.

이와 같은 공양의 구름을 나타내어 마치고 부처님을 향하여 예를 지어 공양하고 곧 서남방에 각각 검푸른 보배광명 불꽃 장엄장 사자의 자리를 변화하여 만들어 그 자리 위에 결가부좌하고 앉았습니다.

이 화장세계의 바다 서북방에 차례로 세계의 바다가 있나니 이름이 보배 광명이 비치는 것이요

저 세계의 종 가운데 국토가 있나니 이름이 수많은 향으로 장엄한 것이요,

부처님은 이름이 한량없는 공덕의 바다 광명이요

저 여래의 대중의 바다 가운데 보살마하살이 있나니 이름이 다함이 없는 광명 마니왕입니다.

세계의 바다에 작은 티끌 수만치 많은 모든 보살로 더불어 함께 와서 부처님의 처소에 나아가 각각 열 가지 일체 보배에 원만한 광명의 구름을 나타내어 허공에 두루 가득하게 하여 흩어져 사라지지 않게 하였으며

다시 열 가지 일체 보배 불꽃에 원만한 광명의 구름을 나타내며

다시 열 가지 묘한 꽃에 원만한 광명의 구름을 나타내며

다시 열 가지 일체 화신불에 원만한 광명의 구름을 나타내며

다시 열 가지 시방의 불토에 원만한 광명의 구름을 나타내며

다시 열 가지 부처님의 경계인 우뢰소리와 보배나무에 원만한 광명의 구름을 나타내며

다시 열 가지 일체 유리보배와 마니왕에 원만한 광명의 구름을 나타내며

다시 열 가지 한 생각 가운데 끝없는 중생의 모습을 나타내는 원만한 광명의 구름을 나타내며

다시 열 가지 일체 여래의 큰 서원의 소리를 연설하는 원만한 광명의 구름을 나타내며

다시 열 가지 일체중생을 교화하는 소리를 연설하는 마니왕에 원만한 광명의 구름을 나타내어 이와 같은 등 세계의 바다에 작은 티끌 수만치 많은 원만한 광명의 구름을 다 허공에 두루하게 하여 흩어져

사라지지 않게 하였습니다.

　이와 같은 공양의 구름을 나타내어 마치고 부처님을 향하여 예를 지어 공양하고 곧 서북방에 각각 끝없는 광명의 위덕장 사자의 자리를 변화하여 만들어 그 자리 위에 결가부좌하고 앉았습니다.

　이 화장세계의 바다 하방에 차례로 세계의 바다가 있나니 이름이 연꽃 향기 나는 신묘한 공덕 창고요
　저 세계의 종 가운데 국토가 있나니 이름이 보배 사자의 광명이 비치는 것이요,
　부처님은 이름이 법계의 광명이요
　저 여래의 대중의 바다 가운데 보살마하살이 있나니 이름이 법계 광명 불꽃 지혜입니다.
　세계의 바다에 작은 티끌 수만치 많은 모든 보살로 더불어 함께 와서 여래의 처소에 나아가 각각 열 가지 일체 마니장 광명의 구름을 나타내어 허공에

두루 가득하게 하여 흩어져 사라지지 않게 하였으며

다시 열 가지 일체 향 광명의 구름을 나타내며

다시 열 가지 일체 보배 불꽃 광명의 구름을 나타내며

다시 열 가지 일체 부처님의 설법의 소리를 출생하는 광명의 구름을 나타내며

다시 열 가지 일체 부처님 국토의 장엄을 나타내는 광명의 구름을 나타내며

다시 열 가지 일체 묘한 꽃 누각 광명의 구름을 나타내며

다시 열 가지 일체 세월 가운데 모든 부처님이 중생을 교화하는 일을 나타내는 광명의 구름을 나타내며

다시 열 가지 일체 끝없는 보배 꽃 줄기에 광명의 구름을 나타내며

다시 열 가지 일체 장엄의 자리에 광명의 구름을

나타내어 이와 같은 등 세계의 바다에 작은 티끌 수만치 많은 광명의 구름을 다 허공에 두루하게 하여 흩어져 사라지지 않게 하였습니다.

이와 같은 공양의 구름을 나타내어 마치고 부처님을 향하여 예를 지어 공양하고 곧 하방에 각각 보배 불꽃 등 연화장 사자의 자리를 변화하여 만들어 그 자리 위에 결가부좌하고 앉았습니다.

이 화장세계의 바다 상방에 차례로 세계의 바다가 있나니 이름이 마니보배로 비추어 장엄한 것이요

저 세계의 종 가운데 국토가 있나니 이름이 모습이 없는 묘한 광명이요,

부처님은 이름이 걸림이 없는 공덕 광명의 왕이요

저 여래의 대중의 바다 가운데 보살마하살이 있나니 이름이 걸림 없는 힘 정진 지혜입니다.

세계의 바다에 작은 티끌 수만치 많은 모든 보살로

더불어 함께 와서 여래의 처소에 나아가 각각 열 가지 끝없는 색상 보배에 광명 불꽃의 구름을 나타내어 허공에 두루 가득하게 하여 흩어져 사라지지 않게 하였으며

다시 열 가지 마니보배 그물에 광명 불꽃의 구름을 나타내며

다시 열 가지 일체 광대한 불토 장엄에 광명 불꽃의 구름을 나타내며

다시 열 가지 일체 묘한 향에 광명 불꽃의 구름을 나타내며

다시 열 가지 일체 장엄에 광명 불꽃의 구름을 나타내며

다시 열 가지 모든 부처님의 변화에 광명 불꽃의 구름을 나타내며

다시 열 가지 수많은 묘한 나무 꽃에 광명 불꽃의 구름을 나타내며

다시 열 가지 일체 금강에 광명 불꽃의 구름을 나타내며

다시 열 가지 끝없는 보살행을 설하는 마니에 광명 불꽃의 구름을 나타내며

다시 열 가지 일체 진주 등에 광명 불꽃의 구름을 나타내어 이와 같은 등 세계의 바다에 작은 티끌 수만치 많은 광명 불꽃의 구름을 다 허공에 두루하게 하여 흩어져 사라지지 않게 하였습니다.

이와 같은 공양의 구름을 나타내어 마치고 부처님을 향하여 예를 지어 공양하고 곧 상방에 각각 부처님의 음성을 연설하는 광명에 연화장 사자의 자리를 변화하여 만들어 그 자리 위에 결가부좌하고 앉았습니다.

이와 같은 등 십억 부처님 국토에 작은 티끌 수만치 많은 세계의 바다 가운데 십억 부처님 국토에 작은

티끌 수만치 많은 보살마하살이 있고, 낱낱이 각각 세계의 바다에 작은 티끌 수만치 많은 모든 보살 대중이 있어서 앞뒤로 에워싸고 와서 모이되, 이 모든 보살들이 낱낱이 각각 세계의 바다에 작은 티끌 수만치 많은 가지가지로 장엄한 모든 공양의 구름을 나타내어 다 허공에 두루하게 하여 흩어져 사라지지 않게 하였습니다.

이와 같은 공양의 구름을 나타내어 마치고 부처님을 향하여 예를 지어 공양하고, 온 바의 방소를 따라서 각각 가지가지 보배로 장엄한 사자의 자리를 변화하여 만들어 그 자리 위에 결가부좌하고 앉았습니다.

이와 같이 앉아 마치고 그 모든 보살의 몸 털구멍 가운데 낱낱이 각각 십 세계의 바다에 작은 티끌 수만치 많은 일체 보배에 가지가지 색상의 광명을 나타내며, 낱낱 광명 가운데 다 십 세계의 바다에 작은 티끌 수만치 많은 모든 보살이 다 연화장 사자의 자리에 앉아 있는 것을 나타내고, 이 모든 보살이 다 능히 일체 법계의 모든 안립의 바다에 있는 바 작은 티끌 속에 두루 들어가니

저 낱낱 티끌 가운데 다 십불세계의 작은 티끌 수만치 많은 모든 광대한 국토가 있으며 낱낱 국토 가운데 다 삼세의 모든 부처님 세존이 계시거늘, 이 모든 보살이 다 능히 두루 가서 친근하여 공양하고 생각 생각 가운데 꿈속에서 자재로 시현하는 법문으로써 세계의 바다에 작은 티끌 수만치 많은 중생을 열어 깨닫게 하며

생각 생각 가운데 일체 모든 하늘이 죽고 태어남을 시현하는 법문으로써 세계의 바다에 작은 티끌 수만치 많은 중생을 열어 깨닫게 하며

생각 생각 가운데 일체 보살의 행을 설하는 법문으

로써 세계의 바다에 작은 티끌 수만치 많은 중생을 열어 깨닫게 하며

생각 생각 가운데 널리 일체 국토를 진동하여 부처님의 공덕과 신통변화를 찬탄하는 법문으로써 세계의 바다에 작은 티끌 수만치 많은 중생을 열어 깨닫게 하며

생각 생각 가운데 일체 부처님의 국토를 장엄하고 청정하게 하여 일체 큰 서원의 바다를 현시하는 법으로써 세계의 바다에 작은 티끌 수만치 많은 중생을 열어 깨닫게 하며

생각 생각 가운데 일체중생의 말과 부처님의 음성을 널리 섭수하는 법문으로써 세계의 바다에 작은 티끌 수만치 많은 중생을 열어 깨닫게 하며

생각 생각 가운데 능히 일체 불법의 구름을 비내리는 법문으로써 세계의 바다에 작은 티끌 수만치 많은 중생을 열어 깨닫게 하며

생각 생각 가운데 광명으로 널리 시방의 국토를 비추어 법계에 두루하게 하고 신통변화를 시현하는 법문으로써 세계의 바다에 작은 티끌 수만치 많은 중생을 열어 깨닫게 하며

생각 생각 가운데 부처님의 몸을 널리 나타내고 법계에 일체 여래의 해탈력을 충변充遍케 하는 법문으로써 세계의 바다에 작은 티끌 수만치 많은 중생을 열어 깨닫게 하며

생각 생각 가운데 보현보살이 일체 중회도량의 바다를 건립하는 법문으로써 세계의 바다에 작은 티끌 수만치 많은 중생을 열어 깨닫게 하여 이와 같이 널리 일체 법계에 두루하여 중생의 마음을 따라 다 하여금 열어 깨닫게 하였습니다.

생각 생각 가운데 낱낱 국토에 각각 수미산 작은 티끌 수같이 많은 중생으로 하여금 악도에 떨어진

자는 영원히 그 고통에서 떠나게 하며

각각 수미산 작은 티끌 수같이 많은 중생으로 하여금 사정邪定에 머문 자는 정정正定의 뭉치에 들어가게 하며

각각 수미산 작은 티끌 수같이 많은 중생으로 하여금 그들의 좋아하는 바를 따라서 천상에 태어나게 하며

각각 수미산 작은 티끌 수같이 많은 중생으로 하여금 성문과 벽지불의 지위에 편안히 머물게 하며

각각 수미산 작은 티끌 수같이 많은 중생으로 하여금 선지식을 섬겨 수많은 복덕과 행을 구족하게 하며

각각 수미산 작은 티끌 수같이 많은 중생으로 하여금 더 이상 없는 깨달음의 마음을 일으키게 하며

각각 수미산 작은 티끌 수같이 많은 중생으로

하여금 보살의 물러가지 않는 지위에 나아가게 하며

각각 수미산 작은 티끌 수같이 많은 중생으로 하여금 청정한 지혜의 눈을 얻어 여래께서 보신 바 일체 모든 평등한 법을 보게 하며

각각 수미산 작은 티끌 수같이 많은 중생으로 하여금 모든 힘과 모든 서원의 바다 가운데 편안히 머물러 끝없는 지혜로써 방편을 삼아 모든 부처님의 국토를 청정하게 하며

각각 수미산 작은 티끌 수같이 많은 중생으로 하여금 다 비로자나의 광대한 서원의 바다에 편안히 머물러 여래의 집에 태어남을 얻게 하였습니다.

그때에 모든 보살이 광명 가운데서 동시에 소리를 내어 이 게송을 설하여 말하기를,

모든 광명 가운데 묘한 음성을 내어

널리 시방의 일체 국토에 두루하고
불자의 모든 공덕을 연설하여
능히 깨달음의 묘한 도에 들어가게 하였습니다.

많은 세월의 바다에서 수행하되 싫어하거나 게으름
이 없었으며
고통받는 중생으로 하여금 해탈을 얻게 하되
마음에 하열하거나 그리고 피로함이 없었나니
불자가 잘 이 방편에 들어갔습니다.

모든 세월의 바다가 다하도록 방편을 닦되
한량도 없고 끝도 없고 남음도 없게 하여
일체 법문에 들어가지 아니함이 없었지만
그러나 항상 저 성품이 적멸함을 설하였습니다.

삼세에 모든 부처님이 소유한 서원을

일체 닦아 다스려 다 하여금 다하여
곧 모든 중생을 이익케 함으로써
자행自行의 청정한 업을 삼았습니다.

일체 모든 부처님의 중회 가운데
널리 시방에 두루 가지 아니함이 없으되
다 깊고도 깊은 지혜의 바다로써
저 여래의 적멸법에 들어갔습니다.

낱낱 광명이 끝이 없어서
다 사의하기 어려운 모든 국토에 들어가되
청정한 지혜의 눈으로 널리 능히 보나니
이것은 모든 보살이 행한 바 경계입니다.

보살이 능히 한 털끝에 머물러
시방의 모든 국토를 두루 움직이되

중생으로 하여금 두려워하는 생각이 있지 않게 하
나니
이것은 그 청정한 방편의 지위입니다.

낱낱 티끌 가운데 한량없는 몸이
다시 가지가지 장엄국토를 나타내고
한 생각에 죽고 태어남을 널리 하여금 보게 하나니
걸림 없는 지혜의 장엄을 얻은 사람입니다.

삼세에 있는 바 일체 세월을
한 찰나 가운데 다 능히 나타내어
몸이 환과 같아 자체와 모습이 없는 줄 알게 하나니
법성이 걸림이 없는 줄 증득하여 밝힌 사람입니다.

보현보살의 수승한 행에 다 능히 들어가는 것을
일체중생이 다 즐겁게 보며

불자가 능히 이 법문에 머물기에

모든 광명 가운데서 큰소리로 사자후 하였습니다.

그때에 세존이 일체 보살 대중으로 하여금 여래의 끝없는 경계에 신통의 힘을 얻게 하고자 하는 까닭으로 미간에 광명을 놓으시니 이 광명의 이름이 일체 보살의 지혜 광명이 널리 시방을 비추는 창고입니다.

그 형상이 비유하자면 보배색 등燈의 구름과 같아서 시방의 일체 부처님의 국토를 두루 비추어 그 가운데 국토와 그리고 중생을 다 하여금 나타나게 하며

또 널리 모든 세계의 그물을 진동하여 낱낱 티끌 가운데 무수한 부처님을 나타내어 모든 중생의 근성과 욕락이 같지 아니함을 따라서 널리 삼세에 일체 모든 부처님의 묘한 법륜의 구름을 비 내려 여래의

바라밀 바다를 나타내 보이며

또 한량없는 모든 벗어나 떠나는 구름을 비 내려 모든 중생으로 하여금 영원히 생사의 바다를 건너게 하며

다시 모든 부처님의 큰 서원의 구름을 비 내려 시방의 모든 세계 가운데 보현보살의 도량에 대중이 모인 것을 나타내 보였습니다.

이 일을 지어 마치고 오른쪽으로 부처님을 돌아 발 아래로 좇아 들어갔습니다.

그때에 부처님 앞에 큰 연꽃이 있어 홀연히 출현하였으니 그 꽃이 열 가지 장엄을 갖추고 있어 일체 연꽃이 능히 미치지 못하는 바입니다.

말하자면 수많은 보배가 사이에 섞인 것으로 그 줄기가 되었으며

마니보배왕으로 그 연밥이 되었으며

법계에 수많은 보배로 널리 그 잎이 만들어졌으며

모든 향 마니로 그 수술이 만들어졌으며

염부단금으로 그 꽃대를 장엄하였으며

묘한 그물이 그 위를 덮어 광색이 청정하며

한 생각 가운데 끝없는 모든 부처님의 신통변화를 보여 나타내며

널리 능히 일체 음성을 일으키며

마니보배왕에 부처님의 몸을 그림자로 나타내며

음성 가운데 널리 능히 일체 보살의 닦은 바 행원을 연설하는 것입니다.

이 연꽃이 출생하여 마치고 한 생각 사이에 여래의 백호상 가운데 보살마하살이 있나니 이름이 일체법 수승한 음성입니다.

세계의 바다에 작은 티끌 수만치 많은 모든 보살 대중으로 더불어 함께 동시에 나와서 오른쪽으로 여래를 돌되 한량없이 돌아 지나서 부처님의 발에

예배하여 마침에 그때에 승음보살은 연꽃 대에 앉고, 모든 보살 대중은 연꽃 수술에 앉되 각각 그 위에 차례로 앉았습니다.

그 일체 법 수승한 음성보살이 깊은 법계를 요달하여 큰 환희를 내며

부처님이 행하신 바에 들어가서 지혜가 의심하거나 막힘이 없으며

가히 측량할 수 없는 부처님의 법신의 바다에 들어가며

일체 국토의 모든 여래의 처소에 가며

몸의 모든 털구멍에 다 신통을 나타내며

생각 생각에 널리 일체 법계를 관찰하며

시방에 모든 부처님이 함께 그 힘을 주시며

하여금 널리 일체 삼매에 편안히 머물며

미래 세월이 다하도록 항상 모든 부처님의 끝없는 법계를 보며

공덕 바다의 몸으로 내지 일체 삼매와 해탈과 신통변화를 보았습니다.

그때에 곧 대중 가운데서 부처님의 위신력을 받아 시방을 관찰하고 게송을 설하여 말하기를,

부처님의 몸은 법계에 충만하여
널리 일체중생 앞에 나타나시며
인연 따라 향하여 감응함이 두루하지 아니함이 없으
시지만
항상 이 보리의 자리에 거처하십니다.

여래의 낱낱 털구멍 가운데
낱낱 국토의 티끌 수만치 많은 부처님이 앉으시니
보살 대중이 모여 함께 에워싸거늘
보현의 수승한 행을 연설하십니다.

여래가 보리의 자리에 편안히 거처하여
한 털끝에 수많은 국토의 바다를 시현하시며
낱낱 털끝에 나타내심도 다 또한 그렇게 하여
이와 같이 널리 법계에 두루하게 하였습니다.

낱낱 국토 가운데 다 편안히 앉았으되
일체 국토에도 다 두루하시니
시방의 보살들이 구름같이 모여
다 와서 도량에 나아가지 아니함이 없었습니다.

일체 국토에 작은 티끌 수만치 많은
공덕의 광명인 보살의 바다가
널리 여래의 대중이 모인 가운데 있으며
내지 법계에도 다 충만합니다.

법계에 작은 티끌 수만치 많은 국토에

일체 대중 가운데 다 출현하여
이와 같이 분신分身하신 지혜의 경계는
보현행 가운데 능히 건립하였습니다.

일체 모든 부처님의 대중이 모인 가운데
수승한 지혜 가진 보살들이 다 자연스레 앉아
각각 법문을 듣고 환희심을 내어
곳곳에서 수행하길 한량없는 세월토록 하였습니다.

이미 보현의 광대한 서원에 들어가서
각각 수많은 불법을 출생하였으며
비로자나 진리의 바다 가운데서
수행하여 극복하고 여래의 지위를 증득하였습니다.

보현보살이 열어 깨달은 바이며
일체 여래가 함께 찬탄하고 환희한 것이기에

이미 모든 부처님의 큰 신통을 얻어서
법계에 두루 유출하여 두루하지 아니함이 없게 하였
습니다.

일체 국토의 작은 티끌 수만치 많은 곳에
항상 몸의 구름을 나타내어 다 충만케 하고
널리 중생을 위하여 큰 광명을 놓아
각각 진리의 비를 내려 그들의 마음에 칭합하게 하
였습니다.

그때에 대중 가운데 다시 보살마하살이 있나니
이름이 일체 수승한 법을 관찰하는 연꽃 광명 지혜
왕입니다.
부처님의 위신력을 받아 시방을 관찰하고 게송을
설하여 말하기를,

여래의 깊고도 깊은 지혜가

널리 법계에 들어가시며

능히 삼세를 따라 전하여

세간으로 더불어 밝게 인도하십니다.

모든 부처님은 법신이 같아서

의지함도 없고 차별함도 없지만

모든 중생의 뜻을 따라서

하여금 부처님의 형색을 보게 하십니다.

일체 지혜를 구족하여

일체 법을 두루 아시며

일체 국토 가운데

일체 몸을 나타내지 아니함이 없으십니다.

부처님의 몸과 그리고 광명과

색상은 사의할 수가 없어서
중생으로 믿고 좋아하는 사람이
응함을 따라 다 하여금 보게 하십니다.

한 부처님의 신상에서
변화하여 한량없는 부처님을 만들어
우뢰소리를 수많은 국토에 두루하게 하여
법문을 연설하심에 깊기가 바다와 같습니다.

낱낱 털구멍 가운데
광명의 그물이 시방에 두루하여
부처님의 묘한 음성을 연출하여
저 조복하기 어려운 사람을 조복하십니다.

여래의 광명 가운데
항상 깊고도 묘한 음성을 내어

부처님의 공덕의 바다와

그리고 보살의 행한 바를 찬탄하십니다.

부처님이 정법의 바퀴를 굴리신 것이

한량도 없고 끝도 없으며

설하신 바 법도 같음이 없으시니

얕은 지혜로는 능히 측량할 수가 없습니다.

일체 세계 가운데

몸을 나타내어 정각을 성취하시고

각각 신통변화를 일으켜

법계에 다 충만케 하십니다.

여래의 낱낱 몸에

부처님을 나타내되 중생 수와 같이 하시고

일체 작은 티끌 수만치 많은 국토에

널리 신통력을 나타내십니다.

그때에 대중 가운데 다시 보살마하살이 있나니
이름이 법의 환희 지혜광명입니다.
부처님의 위신력을 받아 시방을 관찰하고 게송을
설하여 말하기를,

부처님의 몸은 항상 현현하여
법계에 다 충만하여
항상 광대한 음성을 연설하시며
널리 시방의 국토를 진동하십니다.

여래가 널리 몸을 나타내어
두루 세간에 들어가
중생들이 좋아하고 욕망함을 따라서
신통력을 나타내어 보이십니다.

부처님이 중생의 마음을 따라

널리 그들 앞에 나타나시니

중생의 보는 바 사람은

다 이 부처님의 신통력입니다.

광명이 끝이 없고

설법도 또한 한량이 없기에

불자가 그 지혜를 따라

능히 들어가고 능히 관찰합니다.

부처님의 몸은 출생한 적이 없거늘

그러나 능히 출생함을 시현하시며

법성은 허공과 같거늘

모든 부처님이 그 가운데 머무십니다.

머문 적도 없고 또한 간 적도 없거늘

곳곳에서 다 부처님을 보며
광명도 두루하지 아니함이 없고
이름도 다 멀리까지 들립니다.

몸도 없고 머무는 곳도 없으며
또한 태어남도 가히 얻을 수 없으며
모습도 없고 또한 형상도 없으시니
나타난 바가 다 그림자와 같습니다.

부처님이 중생의 마음을 따라서
큰 진리의 구름을 일으켜
가지가지 방편문으로
깨달음을 보여 조복하십니다.

일체 세계 가운데
부처님이 도량에 앉으시니

대중들이 에워싸는 바이며
시방의 국토를 비춤을 봅니다.

일체 모든 부처님의 몸은
다 끝없는 상호가 있어서
시현함이 비록 한량이 없으시지만
색상은 끝내 다함이 없습니다.

그때에 대중 가운데 다시 보살마하살이 있나니 이름이 향기 불꽃 광명으로 널리 밝히는 지혜입니다.
부처님의 위신력을 받아 시방을 관찰하고 게송을 설하여 말하기를,

이 회중에 모든 보살이
부처님의 사의하기 어려운 지위에 들어가
낱낱이 다 능히

일체 부처님의 위신력을 봅니다.

지혜의 몸이 능히 두루

일체 국토의 작은 티끌 수 세계에 들어가

몸이 저 가운데 있음을 보고

널리 모든 부처님도 봅니다.

그림자가 수많은 국토에 나타남과 같아서

일체 여래의 처소와

저 일체 국토 가운데

다 신통의 일을 나타냅니다.

보현의 모든 행원을

닦아 다스려 이미 밝고 맑게 하였기에

능히 일체 국토에서

널리 부처님의 신통변화를 봅니다.

몸이 일체 처소에 머무니

일체 처소가 다 평등하며

지혜가 능히 이와 같이 행하여

부처님의 경계에 들어갔습니다.

이미 여래의 지혜를 증득하여

평등하게 법계를 비추어

널리 부처님의 털구멍 속

일체 모든 국토 바다에 들어갑니다.

일체 부처님의 국토에

다 신통력을 나타내어

가지가지 몸과

그리고 가지가지 이름을 시현합니다.

능히 한 생각 즈음에

널리 모든 신통변화를 나타내어
도량에서 정각을 성취하며
그리고 묘한 진리의 바퀴를 굴립니다.

일체 광대한 국토는
억세월에도 사의할 수 없거늘
보살은 삼매 가운데서
한 생각에 다 능히 나타냅니다.

일체 모든 부처님 국토에
낱낱 모든 보살들이
널리 부처님의 몸에 들어가되
끝도 없고 또한 한량도 없습니다.

　그때에 대중 가운데 다시 보살마하살이 있나니
이름이 사자분신 지혜광명입니다.

부처님의 위신력을 받아 두루 시방을 관찰하고
게송을 설하여 말하기를,

비로자나 부처님이
능히 정법의 바퀴를 굴려
법계의 모든 국토에
구름같이 다 두루하게 하십니다.

시방 가운데 있는 바
모든 큰 세계의 바다에
부처님이 신통과 원력으로
곳곳에서 법륜을 전하십니다.

일체 모든 국토의
광대한 대중이 모인 가운데
이름을 각각 같지 않게 하여

응함을 따라 미묘한 법을 연설하십니다.

여래의 큰 위신력은
보현의 서원으로 이룬 바이기에
일체 국토 가운데
미묘한 음성이 이르지 아니함이 없으십니다.

부처님의 몸은 국토의 작은 티끌 수와 같아서
널리 진리의 비를 내리시며
난 적도 없고 차별도 없지만
일체 세간에 나타나십니다.

수없는 모든 억세월(劫)과
일체 티끌 수 국토 가운데
지나간 옛날 행한 바 일들을
미묘한 음성으로 다 갖추어 연설하십니다.

시방의 티끌 수 국토에
광명의 그물이 다 두루하거늘
광명 가운데 다 부처님이 계셔
널리 모든 군생을 교화하십니다.

부처님의 몸은 차별이 없어서
법계에 넘쳐나게 해
능히 하여금 색신을 보게 하여
근기를 따라 잘 조복하십니다.

삼세의 일체 국토에
있는 바 수많은 도사가
가지가지 이름이 다르거늘
설하여 다 하여금 보게 하십니다.

과거 미래와 그리고 현재에

일체 모든 여래가

전한 바 미묘한 법륜을

이 회중에서 다 얻어 들을 것입니다.

　그때에 대중 가운데 다시 보살마하살이 있나니

이름이 법의 바다 지혜 공덕의 창고입니다.

　부처님의 위신력을 받아 시방을 관찰하고 게송을

설하여 말하기를,

이 회중에 모든 불자들이

수많은 지혜를 잘도 닦았기에

이 사람들은 이미 능히

이와 같은 방편문에 들어갔습니다.

낱낱 국토 가운데

널리 광대한 음성을 연설하여

부처님이 행하신 바 처소를 설하여
시방의 국토에 두루 들리게 하였습니다.

낱낱 마음과 생각 가운데
널리 일체 법을 관찰하여
진여의 지위에 편안히 머물러
모든 법의 바다를 요달하였습니다.

낱낱 부처님의 몸 가운데
억세월에도 사의할 수 없도록
바라밀을 닦아 익혔으며
그리고 국토를 장엄하고 청정케도 하였습니다.

낱낱 작은 티끌 수 가운데
능히 일체 법을 증득하여
이와 같이 걸리는 바 없이

시방의 국토에 두루 갔습니다.

낱낱 부처님의 국토 가운데
가서 이르기를 다 남김없이 하여
부처님의 신통력을 보고
부처님의 행하신 바 처소에 들어갑니다.

모든 부처님의 광대한 음성이
법계에 들리지 아니함이 없거늘
보살이 능히 요지하여
잘도 음성의 바다에 들어갑니다.

세월(劫)의 바다에서 미묘한 음성을 연설하시되
그 음성이 평등하여 다름이 없으시니
지혜가 삼세에 두루한 사람이라야
저 음성의 지위에 들어갑니다.

중생이 소유한 음성과
그리고 부처님의 자재하신 음성을
음성의 지혜를 얻어서
일체를 다 능히 요달합니다.

지위를 좇아 지위를 얻고
역지力地 가운데 머물며
억세월에 부지런히 수행하였기에
얻은 바 법이 이와 같습니다.

　그때에 대중 가운데 다시 보살마하살이 있나니
이름이 지혜 등불 넓은 광명입니다.
　부처님의 위신력을 받아 시방을 관찰하고 게송을
설하여 말하기를,

일체 모든 여래는

모든 모습을 멀리 떠났나니
만약 능히 이 법을 알면
이에 세간의 도사를 볼 것입니다.

보살은 삼매 가운데
지혜의 광명이 널리 명료하기에
능히 일체 부처님의
자재하신 진체眞體의 성품을 압니다.

부처님의 진실한 몸을 보아서
곧 깊고도 깊은 법을 깨닫고
널리 법계를 관찰하여
원력을 따라 몸을 받습니다.

복덕의 바다로 좇아 나와
지혜의 지위에 편안히 머물러

일체 법을 관찰하고
가장 수승한 도를 수행하였습니다.

일체 부처님의 국토 가운데
일체 여래의 처소에서
이와 같이 법계에 두루하여
다 진실한 몸을 보게 합니다.

시방의 광대한 국토에서
억세월에 부지런히 수행하여
능히 정변지의
일체 모든 진리의 바다에 노닙니다.

오직 하나뿐인 견고하고 비밀한 몸을
일체 티끌 가운데서 보나니
태어난 적도 없고 또한 모습도 없지만

널리 모든 국토에 나타나십니다.

모든 중생의 마음을 따라서

널리 그들 앞에 나타나

가지가지로 조복함을 보여

빨리 하여금 불도에 향하게 하십니다.

부처님의 위신력을 사용한 까닭으로

모든 보살을 출현케 하시며

부처님의 힘으로 가피하여 섭지한 바로

널리 모든 여래를 보게 하십니다.

일체 수많은 도사가

한량없는 위신력으로

모든 보살을 열어 깨닫게 하여

법계에 다 두루하게 하십니다.

그때에 대중 가운데 다시 보살마하살이 있나니 이름이 연꽃 불빛 상투에 넓은 광명지혜입니다.

부처님의 위신력을 받아 시방을 관찰하고 게송을 설하여 말하기를,

일체 국토 가운데
널리 미묘한 음성을 연설하여
부처님의 공덕을 칭양하되
법계에 다 넘쳐나게 합니다.

부처님은 법으로써 몸을 삼아
청정하기가 허공과 같으시며
나타내신 바 수많은 색형은
하여금 이 법 가운데 들어가게 하십니다.

만약 어떤 사람이 깊이 믿어 기뻐하며

그리고 부처님께 섭수함이 된다면
마땅히 알아라. 이와 같은 사람은
능히 부처님을 아는 지혜를 출생할 것입니다.

어떤 사람이라도 지혜가 적은 사람은
능히 이 법을 알지 못하거니와
혜안이 청정한 사람은
이에 능히 봅니다.

부처님의 위신력으로써
일체 법과
입심入心과 주심과 그리고 출심을 관찰할 때에
보는 바가 다 명료합니다.

일체 모든 법 가운데
법문이 끝이 없나니

일체 지혜를 성취하여야

깊은 진리의 바다에 들어갑니다.

부처님의 국토에 편안히 머무시며

일체 처소에 출흥하시지만

간 적도 없고 또한 온 적도 없으시니

모든 부처님의 법이 이와 같습니다.

일체중생의 바다에

부처님의 몸을 그림자 같이 나타내시지만

그들의 앎을 따라 차별하게 하여

이와 같이 도사를 보게 합니다.

일체 털구멍 가운데

각각 신통을 나타내시니

보현의 서원을 수행하여

청정한 사람이 능히 봅니다.

부처님이 낱낱 몸으로써
곳곳에 법륜을 전하여
법계에 다 두루하게 하시니
사의하여서는 능히 미칠 수 없습니다.

　그때에 대중 가운데 다시 보살마하살이 있나니
이름이 위덕과 지혜가 끝이 없는 광명입니다.
　부처님의 위신력을 받아 시방을 관찰하고 게송을
설하여 말하기를,

낱낱 부처님의 국토 가운데
곳곳에 도량에 앉았거늘
대중이 모여와 에워싼데
마군을 다 꺾어 항복받으십니다.

부처님이 몸에 광명을 놓아

시방에 두루 넘쳐나게 하여

응함을 따라 시현하시니

색상이 한 가지가 아닙니다.

낱낱 작은 티끌 안에

광명이 다 넘쳐나거늘

널리 시방의 국토를 보니

가지가지가 각각 차별합니다.

시방의 모든 국토 바다에

가지가지 한량없는 국토가

다 평탄하고 청정하며

검푸른(帝青) 보배로 이루어진 바입니다.

혹 엎어진 것과 같고 혹 곁으로 머물러 있는 것과

같으며

혹 연꽃이 오므린 것과 같으며

혹 둥근 것과 같고 혹 네모난 것과 같아서

가지가지로 수많은 형상입니다.

법계의 모든 국토에

두루 가지만 걸리는 바가 없으며

일체 대중이 모인 가운데서

항상 묘한 법륜을 전하십니다.

부처님의 몸은 사의할 수가 없어서

국토가 다 그 가운데 있거늘

그 일체 처소에서

도사가 참다운 진리를 연설하십니다.

전하는 바 묘한 법륜은

그 법성이 차별이 없나니
하나의 참다운 진리를 의지하여
모든 법의 모습을 연설하십니다.

부처님이 원만한 음성으로써
진실한 이치를 밝히시되
그들의 앎을 따라 차별하게 하여
끝없는 법문을 나타내십니다.

일체 국토 가운데
부처님이 도량에 앉아 계심을 보니
부처님의 몸이 그림자같이 나타나시지만
생겨났다 사라짐을 가히 얻을 수 없습니다.

　그때에 대중 가운데 다시 보살마하살이 있나니
이름이 법계에 널리 밝히는 지혜입니다.

부처님의 위신력을 받아 시방을 관찰하고 게송을
설하여 말하기를,

여래의 미묘한 몸은
색상이 사의할 수 없나니
보는 사람은 환희심을 내어
공경하고 그 법을 믿고 좋아합니다.

부처님 몸의 일체 색상에
다 한량없는 부처님을 나타내어
널리 시방세계의
낱낱 작은 티끌 가운데 들어가십니다.

시방의 국토 바다에
한량도 없고 끝도 없는 부처님이
다 생각 생각 가운데

각각 신통을 나타내십니다.

큰 지혜자 모든 보살이
깊이 진리의 바다에 들어가
부처님의 힘이 가피하여 섭지한 바로
능히 이 방편을 알았습니다.

만약 어떤 사람이 이미
보현보살의 모든 행원에 편안히 머물렀다면
저 수많은 국토에서
일체 부처님의 신통력을 보게 될 것입니다.

만약 어떤 사람이 믿음과 이해함과
그리고 모든 큰 서원이 있다면
깊은 지혜를 구족하여
일체 법을 통달하게 될 것입니다.

능히 모든 부처님의 몸에

낱낱이 관찰한다면

색상과 소리에 걸리는 바가 없어서

모든 경계를 요달하게 될 것입니다.

능히 모든 부처님의 몸에

지혜의 행할 바에 편안히 머문다면

속히 여래의 지위에 들어가서

널리 법계를 섭수하게 될 것입니다.

부처님의 국토가 작은 티끌 수만치 많거늘

이와 같은 모든 국토를

능히 하여금 한 생각 가운데서

낱낱 티끌 가운데 나타나게 합니다.

일체 모든 국토와

그리고 신통의 일을

다 한 국토 가운데 나타내나니

보살의 힘이 이와 같습니다.

　그때에 대중 가운데 다시 보살마하살이 있나니

이름이 정진력 걸림이 없는 지혜입니다.

　부처님의 위신력을 받아 시방을 관찰하고 게송을

설하여 말하기를,

부처님이 하나의 미묘한 음성을 연설하시니

시방의 국토에 두루 들리며

수많은 음성이 다 구족하였으며

진리의 비가 다 넘쳐났습니다.

일체 말씀의 바다와

일체 무리를 따르는 음성으로

일체 부처님의 국토 가운데
청정한 법륜을 전하십니다.

일체 모든 국토에서
다 부처님의 신통변화를 보며
부처님이 설법하는 음성을 듣고
들은 이후에는 보리에 나아갔습니다.

법계에 모든 국토의
낱낱 작은 티끌 가운데
여래의 해탈 힘으로
저곳에 널리 몸을 나타내십니다.

법신은 허공과 같아서
걸림도 없고 차별도 없거니와
색형은 영상과 같아서

가지가지 수많은 모습으로 나타내십니다.

영상은 방소가 없는 것이
마치 허공이 자체성이 없는 것과 같나니
지혜가 광대한 사람은
그 평등함을 요달할 것입니다.

부처님의 몸은 가히 취할 수도 없고
난 적도 없고 기동하거나 작위한 적도 없거니와
중생에게 응하여 널리 앞에 나타나되
평등한 것이 허공과 같습니다.

시방에 계시는 바 부처님이
다 한 털구멍에 들어가서
각각 신통을 나타내시니
지혜의 눈이라야 능히 볼 수 있을 것입니다.

비로자나 부처님이

원력으로 법계에 두루하여

일체 국토 가운데

항상 더 이상 없는 법륜을 전하십니다.

한 털구멍에 신통변화를 나타낸 것을

일체 부처님이 다 말씀하시기를

한량없는 세월이 지날지라도

그 끝을 얻을 수 없다 하셨습니다.

　이 사천하 도량 가운데 부처님의 위신력으로써 시방에 각각 일억 세계 바다에 작은 티끌 수만치 많은 모든 보살 대중이 있어 이 회중에 와서 모인 것과 같아서 응당히 알아야 합니다.

　일체 세계 바다에 낱낱 사천하의 모든 도량 가운데도 다 또한 이와 같이 모였습니다.

보현삼매품

그때에 보현보살 마하살이 여래의 앞에 연꽃으로 갈무리한 사자의 자리에 앉아 부처님의 위신력을 받아 삼매에 들어가니 이 삼매가 이름이 일체 모든 부처님 비로자나 여래장의 몸입니다.

널리 일체 부처님의 평등한 성품에 들어가 능히 법계에 수많은 영상을 시현하며

넓고 크고 걸림이 없어서 허공과 같으며

법계의 바다에 도는 물결에 따라 들어가지 아니함이 없으며

일체 모든 삼매의 법을 출생하며

널리 능히 시방의 법계를 포함하여 용납하며

삼세에 모든 부처님의 지혜광명의 바다가 다 이로

좇아 출생하며

시방에 있는 바 모든 안립安立된 바다를 다 능히 시현하며

일체 부처님의 힘과 해탈과 모든 보살의 지혜를 포함하여 감추고 있으며,

능히 일체 국토에 작은 티끌로 하여금 널리 능히 끝없는 법계를 수용케 하며

일체 부처님의 공덕의 바다를 성취하며,

여래의 모든 큰 서원의 바다를 현시하며,

일체 모든 부처님이 소유하신 법륜을 유통하고 보호해 가져 하여금 끊어짐이 없게 하며

이와 같은 세계 가운데 보현보살이 세존 앞에서 이 삼매에 들어가는 것과 같아서, 이와 같이 모든 법계와 허공계와 시방과 삼세와 미세한 곳과 걸림이 없는 곳과 광대한 곳과 광명의 처소와 부처님의 눈으로 보는 바 처소와 부처님의 신통력으로 능히

이르는 처소와 부처님의 몸 가운데 나타내는 바 일체 국토와 그리고 이 국토에 있는 바 작은 티끌인 낱낱 티끌 가운데 세계의 바다에 작은 티끌 수만치 많은 부처님의 국토가 있으며

낱낱 국토 가운데 세계의 바다에 작은 티끌 수만치 많은 모든 부처님이 있으며

낱낱 부처님 앞에 세계의 바다에 작은 티끌 수만치 많은 보현보살이 있어서 다 또한 이 일체 모든 부처님의 비로자나 여래장신 삼매에 들어갔습니다.

그때에 낱낱 보현보살이 다 시방에 일체 모든 부처님이 계시는 그 앞에 나타나니 저 모든 여래가 같은 음성으로 찬탄하여 말씀하시기를,

착하고 착합니다. 선남자여, 그대가 능히 일체 모든 부처님의 비로자나 여래장신 보살삼매에 들어갔습니다.

불자여, 이것은 시방의 일체 모든 부처님이 함께 그대에게 가피하신 것이니 비로자나 여래의 본래 서원의 힘인 까닭이며 또한 그대가 일체 모든 부처님의 행원의 힘을 닦은 까닭입니다.

말하자면 능히 일체 부처님의 법륜을 전하는 까닭이며

일체 여래의 지혜의 바다를 열어 나타내는 까닭이며

널리 시방의 모든 안립된 바다를 비추되 다 남김없이 하는 까닭이며

일체중생으로 하여금 잡되고 오염된 것을 맑게 다스려 청정함을 얻게 하는 까닭이며

널리 일체 모든 큰 국토를 섭수하지만 집착하는 바가 없는 까닭이며

깊이 일체 모든 부처님의 경계에 들어가지만 막히거나 걸림이 없는 까닭이며

널리 일체 부처님의 공덕을 현시하는 까닭이며

능히 일체 모든 법의 실상에 들어가서 지혜를 증장하는 까닭이며

일체 모든 법문을 관찰하는 까닭이며

일체중생의 근성을 요달하여 아는 까닭이며

능히 일체 부처님 여래가 가르치신 말씀의 바다를 가지는 까닭입니다.

그때에 시방에 일체 모든 부처님이 곧 보현보살마하살에게 능히 일체 지혜의 성품인 힘(力)에 들어가는 지혜를 주시며

법계의 끝도 한량도 없음에 들어가는 지혜를 주시며

일체 부처님의 경계를 성취하는 지혜를 주시며

일체 세계의 바다가 이루어지고 무너짐을 아는 지혜를 주시며

일체중생의 세계가 광대함을 아는 지혜를 주시며

모든 부처님의 깊고도 깊은 해탈과 차별이 없는 모든 삼매에 머무는 지혜를 주시며

일체 보살의 모든 근욕의 바다에 들어가는 지혜를 주시며

일체중생의 언어의 바다로 법륜을 전하는 말을 아는 지혜를 주시며

널리 법계 속 일체 세계 바다의 몸에 들어가는 지혜를 주시며

일체 부처님의 음성을 얻는 지혜를 주십니다.

이 세계 가운데 여래 앞의 보현보살이 모든 부처님이 이와 같은 지혜를 주심을 입음과 같아서 이와 같이 일체 세계의 바다와 그리고 저 세계 바다의 낱낱 티끌 가운데 있는 바 보현보살도 다 또한 이와 같이 지혜 주심을 입었습니다.

무슨 까닭인가 하면, 저 삼매를 증득하면 법이

이와 같이 되는 까닭입니다.

　이때에 시방에 모든 부처님이 각각 오른손을 펴 보현보살의 이마를 만지시니 그 손이 다 상相과 호好 로써 장엄되었으며

　묘한 망만網縵에 빛이 펼쳐지며

　향기가 흘러내리며

　불꽃이 일어나며

　다시 모든 부처님의 가지가지 묘한 음성과 그리고 자재한 신통의 일과 과거·현재·미래에 일체 보살의 보현 서원의 바다와 일체 여래의 청정한 법륜과 그리고 삼세에 부처님이 소유하신 영상을 출생하여 그 가운데 나타내십니다.

　이 세계 가운데 보현보살이 시방의 부처님에게 함께 마정하는 바가 되는 것과 같아서

　이와 같이 일체 세계의 바다와 그리고 저 세계

바다의 낱낱 티끌 가운데 있는 바 보현보살도 다 또한 이와 같이 시방의 부처님에게 마정하는 바가 되었습니다.

그때에 보현보살이 곧 이 삼매로 좇아 일어나고, 이 삼매로 좇아 일어날 때에 곧 일체 세계의 바다에 작은 티끌 수만치 많은 삼매의 바다 문으로 좇아 일어나나니, 말하자면 삼세의 생각 생각이 차별이 없는 선교의 지혜를 아는 삼매문으로 좇아 일어나며

삼세의 일체 법계에 있는 바 작은 티끌 수를 아는 삼매문으로 좇아 일어나며

삼세의 일체 부처님의 국토를 나타내는 삼매문으로 좇아 일어나며

일체중생의 집을 나타내는 삼매문으로 좇아 일어나며

일체중생의 마음의 바다를 아는 삼매문으로 좇아

일어나며

　일체중생의 각각 이름을 아는 삼매문으로 좇아 일어나며

　시방법계의 처소가 각각 차별함을 아는 삼매문으로 좇아 일어나며

　일체 작은 티끌 가운데 각각 끝없는 광대한 부처님 몸의 구름이 있음을 아는 삼매문으로 좇아 일어나며

　일체 법의 이취의 바다를 연설하는 삼매문으로 좇아 일어났습니다.

　보현보살이 이와 같은 등 삼매문을 좇아 일어날 때에 그 모든 보살이 낱낱이 각각 세계의 바다에 작은 티끌 수만치 많은 삼매의 바다에 구름과

　세계의 바다에 작은 티끌 수만치 많은 다라니의 바다에 구름과

　세계의 바다에 작은 티끌 수만치 많은 제법諸法

방편의 바다에 구름과

　세계의 바다에 작은 티끌 수만치 많은 변재문의 바다에 구름과

　세계의 바다에 작은 티끌 수만치 많은 수행의 바다에 구름과

　세계의 바다에 작은 티끌 수만치 많은 법계에 일체 여래의 공덕 창고를 널리 비추는 지혜 광명의 바다에 구름과

　세계의 바다에 작은 티끌 수만치 많은 일체 여래의 모든 힘의 지혜가 차별이 없는 방편의 바다에 구름과

　세계의 바다에 작은 티끌 수만치 많은 일체 여래의 낱낱 털구멍에 각각 수많은 국토를 나타내는 바다에 구름과

　세계의 바다에 작은 티끌 수만치 많은 낱낱 보살이 도솔천궁전으로 좇아 하생하여 성불하고 정법의 바퀴를 굴리며 열반에 들어가는 등을 시현하는 바다

에 구름을 얻었나니

이 세계 가운데 보현보살이 삼매로 좇아 일어남에 모든 보살 대중이 이와 같은 이익을 얻는 것과 같아서 이와 같이 일체 세계의 바다와 그리고 저 세계의 바다에 있는 바 작은 티끌 수 세계의 낱낱 티끌 세계 가운데도 다 또한 이와 같이 이익을 얻었습니다.

그때에 시방의 일체 세계의 바다가 모든 부처님의 위신력과 그리고 보현보살의 삼매력인 까닭으로 다 미동하며 낱낱 세계가 수많은 보배로 장엄하며

그리고 묘한 음성을 내어 모든 법을 연설하며

다시 일체 여래의 대중이 모인 도량의 바다 가운데 널리 열 가지 큰 마니왕의 구름을 비 내리니 어떤 등이 열 가지가 되는가.

말하자면 묘한 금성의 당기로 된 마니왕의 구름과

광명이 비치는 마니왕의 구름과

보배 바퀴가 아래로 내려진 마니왕의 구름과

수많은 보배 창고에 보살의 형상을 나타내는 마니왕의 구름과

부처님의 이름을 칭양하는 마니왕의 구름과

광명이 치성하여 널리 일체 부처님 국토의 도량을 비추는 마니왕의 구름과

광명이 시방의 가지가지 변화를 비추는 마니왕의 구름과

일체 보살의 공덕을 칭찬하는 마니왕의 구름과

태양과 같이 치성한 마니왕의 구름과

마음을 기쁘게 하는 좋은 음악이 시방에 두루 들리는 마니왕의 구름입니다.

널리 이와 같은 열 가지 큰 마니왕의 구름을 비 내린 이후에 일체 여래의 모든 털구멍 가운데 다

광명을 놓고 광명 가운데 게송을 설하여 말하기를,

보현보살이 두루 모든 국토에 머물러
보배 연꽃에 앉은 것을 대중이 보는 바이니
일체 신통을 나타내지 아니함이 없으며
한량없는 삼매에 다 능히 들어갔습니다.

보현보살이 항상 가지가지 몸으로써
법계에 두루 유출하여 다 충만케 하고
삼매와 신통과 방편과 힘을
원만한 음성으로 널리 설하되 다 걸림없이 하였습니다.

일체 국토 가운데 모든 부처님의 처소에
가지가지 삼매로 신통을 나타내고
낱낱 신통을 다 두루하게 하여

시방 국토에 남김없이 하였습니다.

일체 국토에 여래의 처소와 같아서
저 국토의 티끌 세계 가운데도 다 또한 그러하나니
나타낸 바 삼매와 신통의 일이
비로자나의 원력입니다.

보현보살의 신상은 허공과 같아서
진신眞身을 의지하여 머물기에 국토가 아니지만
모든 중생의 마음에 욕망하는 바를 따라서
넓은 몸을 시현하여 일체와 같게 하였습니다.

보현보살이 모든 큰 서원에 편안히 머물러
이 한량없는 신통의 힘을 얻어
일체 부처님의 몸에 있는 바 국토에
다 그 형상을 나타내어 저곳에 나아갔습니다.

일체 대중의 바다가 끝이 없기에

몸을 나누어 저곳에 머무는 것도 또한 한량이 없습니다.

나타낸 바 국토가 다 장엄되어 청정하거늘

한 찰나 가운데서 수많은 세월(多劫)을 봅니다.

보현보살이 일체 국토에 편안히 머물러

나타낸 바 신통이 수승하여 비교할 수가 없어

시방을 진동하여 두루하지 아니함이 없나니

그 보는 사람으로 하여금 다 봄을 얻게 합니다.

일체 부처님의 지혜와 공덕의 힘과

가지가지 큰 법을 다 성취하여 만족하였지만

모든 삼매와 방편문으로써

자기의 지나간 옛날에 보리의 행을 시현합니다.

이와 같이 자재하고 사의할 수 없음을
시방 국토에 다 시현하며
널리 모든 삼매에 들어감을 나타내기 위하여
부처님의 광명의 구름 가운데 공덕을 찬탄합니다.

　그때에 일체 보살 대중이 다 보현보살을 향하여
합장하여 우러러보고 부처님의 위신력을 받아 같은
음성으로 찬탄하여 말하기를,

모든 불법을 좇아 출생하고
또한 여래의 원력을 인하여 일어나나니
진여의 평등한 허공장藏으로
그대가 이미 이 법신을 장엄하고 청정케 하였습니다.

일체 부처님 국토에 대중이 모인 가운데
보현보살이 두루 그곳에 머무나니

공덕의 지혜 바다 광명의 존재가
시방을 평등하게 비추어 보지 아니함이 없게 합니다.

보현보살의 광대한 공덕의 바다가
두루 시방에 가서 부처님을 친근하고
일체 티끌 가운데 있는 바 국토에
다 능히 저곳에 나아가 밝게 나타났습니다.

불자여, 우리들 무리가 항상 그대를 보니
여래의 처소에 나아가 다 친근하고
삼매의 진실한 경계 가운데 머물기를
일체 국토에 작은 티끌 수 세월(劫)토록 하였습니다.

불자여, 능히 널리 두루하는 몸으로써
다 시방의 모든 국토에 나아가
중생의 큰 바다를 다 제도하되

법계의 작은 티끌 수 세계까지 들어가지 아니함이
없습니다.

법계의 일체 작은 티끌 수 세계까지 들어가지만
그 몸은 다함도 없고 차별도 없나니
비유하자면 허공이 다 두루함과 같이
그곳에서 여래의 광대한 법을 연설합니다.

일체 공덕 광명의 존재가
구름과 같이 광대하고 힘이 수승하여
중생의 바다 가운데 다 나아가서
부처님이 행하신 바 비등할 수 없는 진리를 설합니다.

중생을 제도하기 위하여 한량없는 세월의 바다에
보현의 수승한 행을 다 닦아 익혀
일체 법을 연설하되 큰 구름과 같이 하나니

그 음성 광대하여 들리지 않는 곳이 없습니다.

국토는 무엇으로 성립함을 얻으며
모든 부처님은 무엇으로 출현하십니까.
그리고 일체중생의 바다도
원컨대 그 뜻을 따라서 여실하게 연설하세요.

이 가운데 한량없는 대중의 바다가
다 보현존 앞에 공경히 머물러 있나니
그들을 위하여 청정하고 묘한 법륜을 전하면
일체 모든 부처님이 다 따라 기뻐할 것입니다.

세계성취품

그때에 보현보살 마하살이 부처님의 위신력으로써
두루 일체 세계의 바다와 일체 중생의 바다와

　일체 모든 부처님의 바다와 일체 법계의 바다와

　일체 중생 업의 바다와 일체 중생 근욕의 바다와

　일체 모든 부처님 법륜의 바다와 일체 삼세의
바다와

　일체 여래 원력의 바다와 일체 여래 신변의 바다를
관찰하였습니다.

　이와 같이 관찰하여 마치고 널리 일체 도량의
대중의 바다에 모든 보살에게 일러 말하기를

　불자야, 모든 부처님 세존은 일체 세계의 바다가
이루어지고 무너지는 것을 아는 청정한 지혜가 가히

사의할 수 없으며

일체 중생의 업의 바다를 아는 지혜가 가히 사의할 수 없으며

일체 법계의 안립의 바다를 아는 지혜가 가히 사의할 수 없으며

일체 끝없는 부처님의 바다를 설하는 지혜가 가히 사의할 수 없으며

일체 욕락과 지해와 근성의 바다에 들어가는 지혜가 가히 사의할 수 없으며

한 생각에 널리 일체 삼세를 아는 지혜가 가히 사의할 수 없으며

일체 여래의 한량없는 서원의 바다를 현시하는 지혜가 가히 사의할 수 없으며

일체 부처님의 신통변화의 바다를 시현하는 지혜가 가히 사의할 수 없으며

법륜을 전하는 지혜가 가히 사의할 수 없으며

연설의 바다를 건립하는 지혜가 가히 사의할 수 없으며

청정한 부처님의 몸이 가히 사의할 수 없으며

끝없는 색상의 바다가 널리 비치어 밝은 것이 가히 사의할 수 없으며

삼십이상과 그리고 팔십종호가 다 청정한 것이 가히 사의할 수 없으며

끝없는 색상에 광명 바퀴의 바다가 구족하게 청정한 것이 가히 사의할 수 없으며

가지가지 색상에 광명 구름의 바다가 가히 사의할 수 없으며

수승한 보배 불꽃의 바다가 가히 사의할 수 없으며

말과 음성의 바다를 성취한 것이 가히 사의할 수 없으며

세 가지 자재한 바다를 시현하여 일체중생을 조복하고 성숙케 한 것이 가히 사의할 수 없으며

용맹하게 모든 중생의 바다를 조복하여 헛되이 지남이 없게 하는 것이 가히 사의할 수 없으며

부처님의 지위에 편안히 머무는 것이 가히 사의할 수 없으며

여래의 경계에 들어간 것이 가히 사의할 수 없으며

위신력으로 보호하여 가지는 것이 가히 사의할 수 없으며

일체 부처님의 지혜로 행하신 바를 관찰하는 것이 가히 사의할 수 없으며

모든 힘이 원만하여 능히 꺾어 조복할 사람이 없는 것이 가히 사의할 수 없으며

두려움이 없는 공덕을 능히 지날 사람이 없는 것이 가히 사의할 수 없으며

차별이 없는 삼매에 머무는 것이 가히 사의할 수 없으며

신통의 변화가 가히 사의할 수 없으며

청정하고 자재한 지혜가 가히 사의할 수 없으며

일체 불법을 능히 훼손하거나 무너뜨릴 수 없는 것이 가히 사의할 수 없나니

이와 같은 등 일체 법을 내가 마땅히 부처님의 위신력과 그리고 일체 여래의 위신력을 받은 까닭으로 구족하게 선설할 것입니다.

하여금 중생을 부처님의 지혜의 바다에 들어가게 하기 위한 까닭이며

하여금 일체 보살을 부처님의 공덕의 바다 가운데 편안히 머무름을 얻게 하기 위한 까닭이며

하여금 일체 세계의 바다를 일체 부처님이 자재롭게 장엄하게 하기 위한 까닭이며

하여금 일체 세월의 바다 가운데 여래의 종성이 항상 끊어지지 않게 하기 위한 까닭이며

하여금 일체 세계의 바다 가운데 모든 법의 진실한

성품을 현시하게 하기 위한 까닭이며

하여금 일체 중생의 한량없는 지해의 바다를 따라서 연설하게 하기 위한 까닭이며

하여금 일체 중생의 모든 근욕의 바다를 따라 방편으로 하여금 모든 불법을 출생하게 하기 위한 까닭이며

하여금 일체 중생의 욕락의 바다를 따라 일체 장애의 산을 꺾어 부수기 위한 까닭이며

하여금 일체 중생의 심행의 바다를 따라 하여금 생사를 벗어나는 중요한 도를 청정하게 닦아 다스리게 하기 위한 까닭이며

하여금 일체 보살을 보현의 서원의 바다 가운데 편안히 머물게 하기 위한 까닭입니다.

이때에 보현보살이 다시 하여금 한량없는 도량의 대중 바다에 환희심을 내게 하고자 하는 까닭이며

하여금 일체 법에 좋아하고 즐거워함을 증장케

하는 까닭이며

하여금 광대하고 진실한 믿음과 지혜의 바다를 출생케 하는 까닭이며

하여금 보문普門의 법계장신을 청정히 다스리게 하는 까닭이며

하여금 보현의 서원의 바다를 안립케 하는 까닭이며

하여금 삼세에 들어가는 평등한 지혜의 눈을 청정히 다스리게 하는 까닭이며

하여금 일체 세간의 창고를 널리 비추는 큰 지혜의 바다를 증장케 하는 까닭이며

하여금 다라니의 힘을 출생하여 일체 법륜을 가지게 하는 까닭이며

하여금 일체 도량 가운데 모든 부처님의 경계를 다 개시하게 하는 까닭이며

하여금 일체 여래의 법문을 열어 밝히게 하는

까닭이며

　하여금 법계의 광대하고 깊고도 깊은 일체 지혜의
성품을 증장케 하는 까닭으로 곧 게송을 설하여
말하기를,

지혜가 깊고도 깊은 공덕의 바다가
널리 시방의 한량없는 국토에 나타나
모든 중생이 응당 보는 바를 따라서
광명을 두루 비추어 법륜을 전하십니다.

시방의 국토 바다가 사의할 수 없는 것을
부처님이 한량없는 세월에 다 장엄하고 청정케 하였
으며
중생을 교화하여 하여금 성숙케 하기 위하여
일체 모든 국토에 출흥하셨습니다.

부처님의 경계는 깊고도 깊어 가히 사의하기 어렵기에

널리 중생에게 현시하여 하여금 들어감을 얻게 하시지만

그들의 마음은 소승을 좋아하고 제유諸有에 집착하여

능히 부처님이 깨달은 바를 통달하지 못하였습니다.

만약 청정한 믿음과 견고한 마음이 있다면

항상 선지식을 친근함을 얻을 것이며

일체 모든 부처님이 그 힘을 주어야

이 사람이 이에 능히 여래의 지혜에 들어갈 것입니다.

모든 아첨과 속임을 떠나 마음이 청정하며

항상 자비를 좋아하여 성품이 환희하며

뜻에 욕망이 광대하고 깊게 믿는 사람이라야

저 사람이 이 법문을 듣고 기뻐함을 낼 것입니다.

보현의 모든 서원의 지위에 편안히 머무르며
보살의 청정한 도를 수행하며
법계를 관찰하는 것이 허공과 같아야
이 사람이 이에 능히 부처님이 행하신 곳을 알 것입
니다.

이 모든 보살은 좋은 이익을 얻어
부처님의 일체 신통력을 보거니와
나머지 도를 닦은 사람은 능히 알 수 없나니
보현의 행인이라야 바야흐로 깨달음을 얻을 것입
니다.

중생이 광대하여 끝이 없거늘
여래가 일체를 다 보호하고 생각하여
정법의 바퀴를 전하여 이르지 아니함이 없게 하시니
비로자나 경계의 힘입니다.

일체 국토가 나의 몸에 들어가며

머무시는 바 모든 부처님도 또한 다시 그러하나니

그대는 응당 나의 모든 털구멍을 관찰하세요.

내가 지금 그대에게 부처님의 경계를 시현할 것입
니다.

보현의 행원이 끝이 없거늘

내가 이미 수행하여 구족함을 얻었으며

보현의 경계에 광대한 몸은

이 부처님이 행하신 바이니 응당 자세히 들을 것입
니다.

　그때에 보현보살 마하살이 모든 대중에게 일러
말하기를

　모든 불자여, 세계의 바다에 열 가지 일이 있나니
과거와 현재와 미래의 모든 부처님이 이미 설하셨

고, 현재 설하시고, 당래에 설하실 것입니다.

어떤 것이 열 가지가 되는가.

말하자면 세계의 바다가 생기함에 갖춘 인연과 세계의 바다가 의지하여 머무는 바와 세계의 바다에 형상과 세계의 바다에 자체 성품과 세계의 바다에 장엄과 세계의 바다에 청정과 세계의 바다에 부처님이 출흥하시는 것과 세계의 바다에 세월(劫)이 머무는 것과 세계의 바다에 세월(劫)이 전변하여 차별한 것과 세계의 바다에 차별이 없는 문입니다.

모든 불자여, 세계의 바다에 이런 열 가지 일이 있음을 간략하게 설하였거니와 만약 널리 설한다면 세계의 바다에 작은 티끌 수로 더불어 같을 것이니, 과거와 현재와 미래에 모든 부처님이 이미 설하셨고 현재에 설하시고 당래에 설하실 것입니다.

모든 불자여, 간략하게 설한다면 열 가지 인연인 까닭으로 일체 세계의 바다가 이미 이루어졌고, 현재에 이루어지고, 당래에 이루어질 것입니다.

어떤 것이 열 가지가 되는가.

말하자면 여래의 신통력인 까닭이며

법이 응당 이와 같은 까닭이며

일체 중생의 행업인 까닭이며

일체 보살이 일체 지혜를 이루어서 얻은 바인 까닭이며

일체 중생과 그리고 모든 보살이 다 같이 선근을 모은 까닭이며

일체 보살이 국토를 장엄하고 청정케 하려는 원력인 까닭이며

일체 보살이 물러나지 않는 행원을 성취한 까닭이며

일체 보살의 청정하고 수승한 지해가 자재한 까닭이며

일체 여래의 선근으로 유출한 바와 그리고 일체

모든 부처님이 성도하실 때에 자재한 세력인 까닭
이며

　보현보살의 자재한 원력인 까닭입니다.

　모든 불자여, 이것은 열 가지 인연을 간략하게
설한 것이어니와 만약 널리 설한다면 세계의 바다에
작은 티끌 수만치 많은 인연이 있습니다.

　그때에 보현보살이 거듭 그 뜻을 선설하고자 하여
부처님의 위신력을 받아 시방을 관찰하고 게송을
설하여 말하기를,

설한 바 끝없이 수많은 국토의 바다를
비로자나가 다 장엄하고 청정케 하였나니
세존의 경계는 사의할 수 없고
지혜와 신통의 힘도 이와 같으십니다.

보살이 모든 서원의 바다를 수행하는 것은
널리 중생의 마음에 욕망하는 바를 따르려는 것이니
중생의 심행이 넓어 끝이 없기에
보살의 국토도 시방에 두루하는 것입니다.

보살이 일체 지혜에 나아가
가지가지 자재한 힘을 부지런히 닦고
한량없는 서원의 바다를 널리 출생하여
광대한 국토를 다 성취하였습니다.

모든 행의 바다를 닦은 것이 끝이 없으며
부처님의 경계에 들어간 것도 또한 한량이 없나니
시방에 모든 국토를 청정케 하기 위하여
낱낱 국토에서 한량없는 세월을 지냈습니다.

중생은 번뇌에 흔들리고 혼탁한 바이기에

분별하고 욕락하는 것이 한 가지 모습이 아니며
마음을 따라 업을 짓는 것이 사의할 수 없기에
일체 국토 바다가 이에 성립하였습니다.

불자여, 국토 바다의 장엄된 창고가
때를 떠난 광명의 보배로 이루어진 바는
이것은 광대한 믿음과 지해(解)의 마음을 인유한 것
이니
시방에 머무는 바가 다 이와 같습니다.

보살이 능히 보현의 행을 닦아서
법계의 작은 티끌 같은 길에 유행하여
티끌 가운데 다 한량없는 국토를 나타내되
청정하고 광대하기가 허공과 같습니다.

허공과 같은 세계에 신통을 나타내어

다 도량의 모든 부처님의 처소에 나아가
연꽃의 자리 위에 수많은 모습을 시현하시되
낱낱 몸이 일체 국토를 포함하였습니다.

한 생각에 널리 삼세를 나타내어
일체 국토 바다를 다 성립하였거든
부처님이 방편으로써 다 그 가운데 들어가시니
이것은 비로자나가 장엄하고 청정케 한 바입니다.

　그때에 보현보살이 다시 대중에게 일러 말하기를
　모든 불자여, 낱낱 세계의 바다에 그 세계의 바다
에 작은 티끌 수만치 많은 의지하여 머무는 바가
있나니 말하자면 혹 일체 장엄을 의지하여 머물며
　혹 허공을 의지하여 머물며
　혹 일체 보배 광명을 의지하여 머물며
　혹 일체 부처님의 광명을 의지하여 머물며

혹 일체 보배 색상의 광명을 의지하여 머물며

혹 일체 부처님의 음성을 의지하여 머물며

혹 환과 같은 업으로 생겨난 대력 아수라 형상의 금강 손을 의지하여 머물며

혹 일체 세주의 몸을 의지하여 머물며

혹 일체 보살의 몸을 의지하여 머물며

혹 보현보살의 서원으로 생긴 바 일체 차별된 장엄의 바다를 의지하여 머무는 것입니다.

모든 불자여, 세계의 바다에 이와 같은 등이 세계의 바다에 작은 티끌 수만치 많은 의지하여 머무는 바가 있습니다.

그때에 보현보살이 거듭 그 뜻을 선설하고자 하여 부처님의 위신력을 받아 시방을 관찰하고 게송을 설하여 말하기를,

널리 시방에 두루한 허공계에

있는 바 일체 모든 국토를

여래 신력의 가피한 바로

곳곳에 앞에 나타내어 다 가히 보게 합니다.

혹 어떤 가지가지 모든 국토는

때를 떠난 보배로 이루어진 바가 아닌 것이 없나니

청정한 마니가 가장 수승하고 묘하여

치연하게 널리 광명의 바다를 나타냅니다.

혹 어떤 청정한 광명의 국토는

허공계를 의지하여 머물며

혹 마니 보배 바다 가운데 있으며

다시 광명의 창고에 편안히 머물러 있습니다.

여래가 이 대중이 모인 바다에 거처하여

법륜을 연설하시는 것이 다 교묘하시며
모든 부처님의 경계가 넓어 끝이 없으시나니
중생이 보는 이가 마음에 환희하였습니다.

어떤 국토는 마니로써 장엄하고 꾸며
형상이 연꽃등과 같이 널리 분포되었으며
향불에 광명 구름은 그 색상이 치연하고
묘한 보배 광명의 그물로써 덮었습니다.

혹 어떤 국토는 끝이 없으며
연꽃의 깊고 큰 바다에 안주하며
넓고 청정한 것이 세간과 더불어 다르나니
모든 부처님의 묘한 선행으로 장엄한 까닭입니다.

혹 어떤 국토의 바다는 윤전함을 따르다가
부처님의 위신력으로써 안주함을 얻나니

모든 보살 대중이 두루 그 가운데 있어서
항상 수없이 광대한 보배를 봅니다.

혹 어떤 국토는 금강의 손에 머물며
혹 다시 어떤 국토는 천주의 몸에 머무나니
비로자나의 더 이상 없는 세존이
항상 이곳에서 법륜을 전하십니다.

혹 보배 나무를 의지하여 평등하고 고르게 머물며
향불 구름 가운데도 또한 다시 그렇게 머물며
혹 어떤 국토는 모든 큰 물 가운데 머물며
혹 어떤 국토는 견고한 금강의 바다에 머뭅니다.

혹 어떤 국토는 금강당을 의지하며
혹 어떤 국토는 화장세계 바다 가운데 머물거든
광대한 신통변화가 두루하지 아니함이 없나니

비로자나가 이에 능히 나타낸 것입니다.

혹 길고 혹 짧은 것이 한량없는 종류이며
그 모습이 둥근 것도 또한 하나가 아니며
묘하게 장엄된 창고가 세간과 더불어 다르나니
청정하게 수행하고 다스려야 이에 능히 볼 것입니다.

이와 같이 가지가지 국토가 각각 차별하거늘
차별한 일체가 다 서원의 바다를 의지하여 머물며
혹 어떤 국토는 항상 허공에 있거늘
모든 부처님이 구름같이 다 충변充遍하십니다.

혹 어떤 국토는 허공에 있어 매달려 엎어져 머물며
혹 어떤 때는 있기도 하고 혹 없기도 하며
혹 어떤 국토는 지극히 청정하여
보살의 보관寶冠 가운데 머뭅니다.

시방에 모든 부처님의 큰 신통의
일체를 다 이 가운데서 보며
모든 부처님의 음성도 다 두루 가득하나니
이것은 업력의 화현한 바를 인유한 것입니다.

혹 어떤 국토는 법계에 두루하나니
청정하여 때를 떠난 마음으로 좇아 일어나며
영상과 같고 환상과 같아 넓고 끝이 없으며
인다라 그물과 같아 각각 차별합니다.

혹 가지가지 장엄된 창고를 나타내되
허공을 의지하여 건립하며
모든 업의 경계는 사의할 수 없으되
부처님의 신력으로 현시하여 다 하여금 보게 합니다.

낱낱 국토의 작은 티끌 안에

생각 생각에 모든 부처님의 국토를 시현하되
그 수를 다 한량없이 하여 중생의 수와 같이하나니
보현보살이 짓는 바는 항상 이와 같습니다.

중생을 성숙케 하고자 하기 위한 까닭으로
이 가운데 수행을 세월의 바다가 지나도록 하시고
광대한 신통을 일으켜
법계 가운데 다 두루하지 아니함이 없게 하였습니다.

법계 국토의 낱낱 티끌 가운데
모든 큰 국토의 바다가 그 가운데 머물러 있거든
부처님의 구름이 평등하게 다 채우고 덮어
일체 처소에 다 충만케 하였습니다.

한 티끌 가운데 자재한 작용과 같아서
일체 티끌 안에도 또한 다시 그러하나니

모든 부처님과 보살의 큰 신통을
비로자나가 다 능히 나타내셨습니다.

일체 광대한 모든 국토가
영상과 같고 환상과 같고 또한 양염과 같나니
시방에 좇아 생기한 바를 볼 수 없으며
또한 다시 온 곳도 없고 간 곳도 없습니다.

사라지고 만들어지는 것이 서로 순환 반복하여
허공 가운데 잠시도 그치지 않나니
다 청정한 서원과 광대한 업력을 인유하여
주지하는 바가 아님이 없습니다.

그때에 보현보살이 다시 대중에게 일러 말하기를
모든 불자여, 세계의 바다에 가지가지 차별된 형
상이 있나니

말하자면 혹 둥글기도 하고 혹 모나기도 하며

혹 둥글지도 모나지도 않는 것이 한량없이 차별하며

혹 물이 소용돌이치는 형상과 같으며

혹 산의 불꽃 형상과 같으며

혹 나무의 형상과 같으며

혹 꽃의 형상과 같으며

혹 궁전의 형상과 같으며

혹 중생의 형상과 같으며

혹 부처님의 형상과 같습니다.

이와 같은 등이 세계의 바다에 작은 티끌 수만치 많이 있습니다.

그때에 보현보살이 거듭 그 뜻을 선설하고자 하여 부처님의 위신력을 받아 시방을 관찰하고 게송을 설하여 말하기를,

모든 국토 바다에 가지가지 차별과

가지가지 장엄과 가지가지 머문

다른 형상이 함께 아름답고 시방에 두루하나니

그대 등은 다 응당 함께 관찰할 것입니다.

그 형상이 혹 둥글기도 하고 혹 어떤 것은 모나기도

하며

혹 다시 삼각형도 있고 그리고 팔각형도 있으며

마니 바퀴의 형상과 연꽃의 형상 등이

일체가 다 업을 인유하여 하여금 다르게 합니다.

혹 어떤 국토는 청정한 불꽃으로 장엄하고

진금으로 사이마다 수없이 수특하고 묘호하게 섞어

장엄하며

문과 창은 열려 막힌 데가 없나니

이것은 업력이 광대함을 인유한 것으로 뜻이 잡됨이

없습니다.

국토 바다에 끝없는 차별의 창고가
비유하자면 구름이 펼쳐져 허공에 있는 것과 같으며
보배 바퀴가 땅에 펼쳐져 묘하게 장엄함에
모든 부처님의 광명이 그 가운데 비칩니다.

일체 국토에 마음의 분별을
가지가지 광명으로 비추어 나타내시고
부처님이 이와 같은 국토 바다 가운데
각각 신통력을 시현하십니다.

혹 어떤 국토는 뒤섞이어 더럽고 혹 어떤 국토는
청정하여
고통을 받고 즐거움을 받는 것이 각각 차별하나니
이것은 업력의 바다가 사의할 수 없음을 인유한 것

이니
모든 유전하는 법이 항상 이와 같습니다.

한 털구멍 안에 사의할 수 없는 국토가
작은 티끌 수와 같이 가지가지로 머물거든
낱낱 국토에 다 변조존이 계셔
대중이 모인 가운데서 묘법을 선설하고 있습니다.

한 티끌 가운데 크고 작은 국토가
가지가지로 차별한 것이 마치 티끌 수와 같고
평탄하고 높고 낮은 것이 각각 같지 않거든
부처님이 다 나아가서 법륜을 전하십니다.

일체 티끌 가운데 나타낸 바 국토가
다 이 본래의 서원과 신통의 힘이니
그들 마음에 좋아하는 것이 가지가지 다름을 따라서

저 허공 가운데 다 능히 지었습니다.

일체 국토에 있는 바 티끌의
낱낱 티끌 가운데 부처님이 다 들어가서
널리 중생을 위하여 신통변화를 일으키시니
비로자나의 진리가 이와 같습니다.

그때에 보현보살이 다시 대중에게 일러 말하기를
모든 불자여, 응당히 알아야 합니다. 세계의 바다
에 가지가지 체성이 있나니
말하자면 혹 일체 보배장엄으로써 체성을 삼으며
혹 한 보배의 가지가지 장엄으로써 체성을 삼으며
혹 일체 보배의 광명으로써 체성을 삼으며
혹 가지가지 색상의 광명으로써 체성을 삼으며
혹 일체 장엄의 광명으로써 체성을 삼으며
혹 가히 파괴할 수 없는 금강으로써 체성을 삼으며

혹 부처님의 가피지력으로써 체성을 삼으며

혹 묘한 보배의 모습으로써 체성을 삼으며

혹 부처님의 변화로써 체성을 삼으며

혹 태양 마니 바퀴로써 체성을 삼으며

혹 지극히 미세한 보배로써 체성을 삼으며

혹 일체 보배의 불꽃으로 체성을 삼으며

혹 가지가지 향으로써 체성을 삼으며

혹 일체 보배의 화관으로써 체성을 삼으며

혹 일체 보배의 영상으로써 체성을 삼으며

혹 일체 장엄의 시현한 바로써 체성을 삼으며

혹 한 생각 마음에 널리 경계를 시현함으로써 체성을 삼으며

혹 보살의 모습 같은 보배로써 체성을 삼으며

혹 보배 꽃술로써 체성을 삼으며

혹 부처님의 말씀 소리로써 체성을 삼았습니다.

그때에 보현보살이 거듭 그 뜻을 선설하고자 하여
부처님의 위신력을 받아 시방을 관찰하고 게송을
설하여 말하기를,

혹 어떤 국토의 바다는
묘한 보배로 합하여 이루어진 바이며
견고하여 가히 파괴할 수 없는 국토는
보배 연꽃에 편안히 머뭅니다.

혹 이 청정한 광명의 국토는
출생한 곳을 가히 알 수 없으며
일체 광명으로 장엄한 국토는
허공을 의지하여 머뭅니다.

혹 어떤 국토는 청정한 광명으로 체성을 삼고
다시 광명을 의지하여 머물며

광명의 구름으로 장엄하고 꾸미어
보살이 함께 그곳에 노닙니다.

혹 어떤 국토의 바다는
원력을 좇아 생기한 것이
비유하자면 영상이 머무는 것과 같아서
취함도 말함도 가히 얻을 수 없습니다.

혹 마니로써 성립하여
널리 일장日藏의 광명을 놓으며
진주 바퀴로써 땅을 장엄하여
보살이 그곳에 다 충만합니다.

어떤 국토는 보배 불꽃으로 성립하고
불꽃 구름으로 그 위를 덮었으며
수많은 보배 광명이 수특하고 묘하나니

144

다 업을 인유하여 얻은 바입니다.

혹 묘한 모습을 좇아 생기하여
수많은 모습으로 땅을 장엄한 것이
마치 보배의 화관을 함께 가져 쓴 것과 같나니
이것은 부처님의 변화를 인유하여 생기한 것입니다.

혹 마음의 바다를 좇아 생기하여
마음에 아는 바를 따라 머무는 것이
마치 환상이 처소가 없는 것과 같나니
일체가 이 분별입니다.

혹 부처님의 광명과
마니의 광명으로써 체성을 삼았거든
모든 부처님이 그 가운데 나타나
각각 신통력을 일으키십니다.

혹 보현보살이

모든 국토의 바다를 화현하고

원력으로 장엄한 바이니

일체가 다 수특하고 묘합니다.

그때에 보현보살이 다시 대중에게 일러 말하기를

모든 불자여, 응당히 알아야 합니다. 세계의 바다
에 가지가지 장엄이 있나니

말하자면 혹 일체 장엄 기구 가운데 최상의 묘한
구름을 출생함으로써 장엄하며

혹 일체 보살의 공덕을 설함으로써 장엄하며

혹 일체 중생의 업보를 설함으로써 장엄하며

혹 일체 보살의 서원의 바다를 시현함으로써 장엄
하며

혹 일체 삼세에 부처님의 영상을 표시함으로써
장엄하며

혹 한 생각 지경에 끝없는 세월에 신통의 경계를
시현함으로써 장엄하며

혹 일체 부처님의 몸을 출현함으로써 장엄하며

혹 일체 보배의 향기 구름을 출현함으로써 장엄
하며

혹 일체 도량 가운데 모든 진기하고 묘한 물건의
광명이 비침을 시현함으로써 장엄하며

혹 일체 보현의 행원을 시현함으로써 장엄하는
것입니다.

이와 같은 등이 세계의 바다에 작은 티끌 수만치
많이 있습니다.

그때에 보현보살이 거듭 그 뜻을 선설하고자 하여
부처님의 위신력을 받아 시방을 관찰하고 게송을
설하여 말하기를,

광대한 국토 바다가 끝이 없는 것은
다 청정한 업을 인유하여 이루어진 바이니
가지가지 장엄과 가지가지 머무는 것이
일체 시방에 다 두루 가득합니다.

끝없는 색상에 보배 불꽃 구름으로
광대하게 장엄한 것이 한 가지가 아니지만
시방의 국토 바다에 항상 출현하여
널리 묘한 음성을 내어 법을 연설하십니다.

보살의 끝없는 공덕의 바다와
가지가지 큰 서원으로 장엄한 바이지만
이 국토에 동시에 묘한 음성을 내어
널리 시방의 모든 국토의 그물을 진동하십니다.

중생의 업의 바다가 넓어서 헤아릴 수 없지만

그들이 감득한 업보가 각각 같지 아니함을 따라서
일체 처소의 장엄하는 가운데
다 모든 부처님을 인유하여 능히 연설하십니다.

삼세에 있는 바 모든 여래가
신통으로 널리 모든 국토 바다의
낱낱 사실 가운데 일체 부처님을 나타내었으니
이와 같은 장엄청정을 그대들은 응당 관찰할 것입
니다.

과거·미래·현재의 세월과
시방의 일체 모든 국토에
저곳에 있는 바 큰 장엄을
낱낱이 다 국토 가운데서 봅니다.

일체 사실 가운데 한량없는 부처님이

그 수가 중생과 같아 세간에 두루하나니
하여금 조복케 하기 위하여 신통을 일으켜
이로써 국토의 바다를 장엄하십니다.

일체 장엄이 묘한 구름을 토하여 내니
가지가지 꽃구름과 향기 불꽃 구름과
마니 보배 구름이 항상 출현하거늘
국토의 바다를 이것으로써 장엄하고 꾸미십니다.

시방에 있는 바 성도한 처소에
가지가지 장엄을 다 구족하고
흐르는 광명은 멀리까지 퍼져 빛나는 구름 같나니
이 국토 바다에서 다 하여금 보게 하십니다.

보현의 행원으로 모든 불자가
중생과 같은 세월에 부지런히 닦아 익혀

끝없는 국토를 다 장엄하거늘

일체 처소 가운데 다 나타내십니다.

　그때에 보현보살이 다시 대중에게 일러 말하기를

　모든 불자여, 응당히 알아야 합니다. 세계의 바다
에 세계의 바다 작은 티끌 수만치 많은 청정한 방편의
바다가 있나니

　말하자면 모든 보살이 일체 선지식을 친근하여
선근이 같은 까닭이며

　광대한 공덕의 구름을 증장하여 법계에 두루하게
한 까닭이며

　광대한 모든 수승한 지혜를 청정하게 닦은 까닭
이며

　일체 보살의 경계를 관찰하여 편안히 머무는 까닭
이며

　일체 모든 바라밀을 닦아 다스려 다 원만케 하는

까닭이며

　일체 보살의 모든 지위를 관찰하여 들어가 머무는
까닭이며

　일체 청정한 서원의 바다를 출생하는 까닭이며

　일체 벗어나는 중요한 행을 닦아 익히는 까닭이며

　일체 장엄의 바다에 들어가는 까닭이며

　청정한 방편의 힘을 성취하는 까닭입니다.

　이와 같은 등이 세계의 바다에 작은 티끌 수만치
많이 있습니다.

　그때에 보현보살이 거듭 그 뜻을 선설하고자 하여
부처님의 위신력을 받아 시방을 관찰하고 게송을
설하여 말하기를,

일체 국토의 바다에 모든 장엄은

수없는 방편과 원력으로 생기한 것이요

일체 국토의 바다에 항상 광명이 빛나는 것은
한량없는 청정한 업력으로 생기한 것입니다.

구원겁토록 선지식을 친근하여
함께 선업을 닦은 것이 다 청정하고
자비가 광대하여 중생에게 두루하기에
이로써 모든 국토의 바다를 장엄하였습니다.

일체 법문과 삼매 등과
선정과 해탈과 방편의 지위를
모든 부처님의 처소에서 다 청정하게 다스렸기에
이로써 모든 국토의 바다를 출생하였습니다.

한량없는 결정한 지혜를 발생하여
능히 아는 것이 여래로 평등하여 다름이 없으며
인욕의 바다와 방편을 이미 닦아 다스렸기에

그런 까닭으로 능히 끝없는 국토를 장엄하고 청정케 하였습니다.

중생을 이익케 하기 위하여 수승한 행을 닦되
복덕을 광대하게 하고 항상 증장케 하는 것이
비유하자면 구름이 펼쳐지되 허공과 같이함과 같
기에
일체 국토의 바다를 다 성취하였습니다.

모든 바라밀이 한량이 없어 국토의 티끌 수와 같지만
다 이미 수행하여 하여금 구족케 하였으며
서원의 바라밀이 다함이 없었기에
청정한 국토의 바다가 이로 좇아 생기하였습니다.

비등할 수 없는 일체 법을 청정하게 닦아
끝없이 벗어나는 중요한 행을 생기하고

가지가지 방편으로 중생을 교화하기에
이와 같이 국토의 바다를 장엄하였습니다.

장엄의 방편 지위를 닦아 익혀
부처님의 공덕과 법문의 바다에 들어가
널리 중생으로 하여금 고통의 근원을 말리게 하기에
광대하고 청정한 국토를 다 성취하였습니다.

힘의 바다는 광대하여 더불어 비등할 수 없지만
널리 중생으로 하여금 선근을 심게 하며
일체 모든 여래에게 공양하기에
국토가 끝없이 다 청정합니다.

그때에 보현보살이 다시 대중에게 일러 말하기를
모든 불자여, 응당히 알아야 합니다. 낱낱 세계의
바다에 세계의 바다 작은 티끌 수만치 많은 부처님이

출현하는 차별이 있나니

　말하자면 혹 작은 몸을 나타내며

　혹 큰 몸을 나타내며

　혹 짧은 수명을 나타내며

　혹 긴 수명을 나타내며

　혹 오직 한 불국토만 장엄하고 청정케 하며

　혹 어떤 국토에는 무량한 불국토를 장엄하고 청정케 하며

　혹 오직 일승의 법륜만 현시하며

　혹 어떤 국토에는 가히 사의할 수 없는 제승諸乘의 법륜을 현시하며

　혹 소분少分의 중생을 조복함을 현시하며

　혹 끝없는 중생을 조복함을 현시하는 것입니다.

　이와 같은 등이 세계의 바다에 작은 티끌 수만치 많이 있습니다.

그때에 보현보살이 거듭 그 뜻을 선설하고자 하여 부처님의 위신력을 받아 시방을 관찰하고 게송을 설하여 말하기를,

모든 부처님이 가지가지 방편문으로
일체 모든 국토의 바다에 출흥하신 것은
다 중생의 마음에 좋아하는 바를 따른 것이니
이것은 이 여래의 좋은 방편의 힘입니다.

모든 부처님의 법신은 사의할 수도 없으며
색깔도 없고 형상도 없고 영상도 없지만
능히 중생을 위하여 수많은 모습을 나타내어
그들의 마음에 좋아함을 따라 다 하여금 보게 하십니다.

혹 어떤 국토는 중생을 위하여 짧은 수명을 나타내며

혹 어떤 국토는 수명이 무량한 세월에 머무름을 나타
내며
법신을 시방에 널리 현전現前하게 하여
마땅함을 따라 세간에 출현하십니다.

혹 어떤 국토는 사의할 수 없는
시방에 있는 바 모든 국토의 바다를 장엄하고 청정히
하며
혹 어떤 국토는 오직 한 국토만을 장엄하고 청정히
하여
하나에 시현하기를 다 남김이 없이 하십니다.

혹 어떤 국토는 중생의 마음에 좋아하는 바를 따라서
사의하기 어려운 가지가지 승법乘法을 시현하며
혹 어떤 국토는 오직 일승법만을 선설하여
하나 가운데 방편으로 무량을 나타내십니다.

158

혹 어떤 국토는 자연히 정각을 성취하여
적은 중생으로 하여금 도에 머물게 하며
혹 어떤 국토는 능히 한 생각 가운데
미한 중생을 개오開悟케 하는 것이 그 수가 없으십
니다.

혹 어떤 국토는 털구멍에 변화의 구름을 출생하여
한량없고 끝없는 부처님을 시현하시니
일체 세간이 다 현전에서 보거늘
가지가지 방편으로 중생을 제도하십니다.

혹 어떤 국토는 말소리가 널리 두루하여
그들의 마음에 좋아함을 따라 법을 설하되
가히 사의할 수 없는 큰 세월(大劫) 가운데
한량없는 중생의 바다를 조복하십니다.

혹 어떤 한량없는 장엄국토는

모인 대중이 청정하게 근엄한 모습으로 앉았거늘

부처님이 마치 구름이 펼쳐짐과 같이 그 가운데 계

시어

시방의 국토 바다에 넘쳐나지 아니함이 없으십니다.

모든 부처님의 방편은 사의할 수가 없어서

중생의 마음을 따라 다 앞에 나타내되

널리 가지가지 장엄한 국토에 머물러

일체 국토에 다 두루하십니다.

그때에 보현보살이 다시 대중에게 일러 말하기를

모든 불자여, 응당히 알아야 합니다. 세계의 바다

에 세계의 바다 작은 티끌 수만치 많은 세월(劫)토록

머무름이 있나니

말하자면 혹 어떤 국토는 아승지 세월토록 머물며

혹 어떤 국토는 무량한 세월토록 머물며

혹 어떤 국토는 끝없는 세월토록 머물며

혹 어떤 국토는 비등할 수 없는 세월토록 머물며

혹 어떤 국토는 가히 셀 수 없는 세월토록 머물며

혹 어떤 국토는 가히 이름할 수 없는 세월토록 머물며

혹 어떤 국토는 가히 생각할 수 없는 세월토록 머물며

혹 어떤 국토는 가히 헤아릴 수 없는 세월토록 머물며

혹 어떤 국토는 가히 말할 수 없는 세월토록 머물며

혹 어떤 국토는 가히 말할 수 없고 가히 말할 수 없는 세월토록 머무는 것입니다.

이와 같은 등이 세계의 바다에 작은 티끌 수만치 많이 있습니다.

그때에 보현보살이 거듭 그 뜻을 선설하고자 하여
부처님의 위신력을 받아 시방을 관찰하고 게송을
설하여 말하기를,

세계의 바다 가운데 가지가지 세월(劫)이
광대한 방편으로 장엄한 바이니
시방 국토를 다 보아
수량이 차별한 것을 다 분명하게 알았습니다.

내가 시방세계의 바다를 보니
세월(劫)의 수가 무량하여 중생과 같나니
혹 길기도 하고 혹 짧기도 하고 혹 끝이 없기도 한
것을
부처님의 음성으로 지금에 연설하겠습니다.

내가 시방의 모든 국토의 바다를 보니

혹 어떤 국토는 미진수 세월토록 머물며
혹 어떤 국토는 한 세월토록 머물고 혹 수없는 세월토
록 머무나니
원력으로 가지가지가 각각 같지 아니합니다.

혹 어떤 국토는 순전히 청정하고 혹 순전히 더러우며
혹 다시 더럽고 청정한 것이 둘이 함께 섞이어 있기에
서원의 바다를 안립하되 가지가지로 다르게 하여
중생의 심상心想 가운데 머무십니다.

지나간 옛날에 수행을 국토의 미진수 세월토록 하여
크고 청정한 세계의 바다를 얻었기에
모든 부처님의 경계가 장엄을 구족하여
영원히 끝없는 광대한 세월에 머무는 것입니다.

어떤 국토는 이름이 가지가지 보배 광명이며

혹 이름이 평등한 음성에 빛나는 눈동자이며
티끌을 떠난 광명이며 그리고 현겁賢劫 세월이니
이 청정한 세월(劫)이 일체 세월을 섭수합니다.

어떤 국토는 청정한 세월에 한 부처님이 출흥하시며
혹 한 세월 가운데 한량없는 세월을 시현하며
끝없는 방편과 큰 서원의 힘으로
일체 가지가지 세월에 들어갑니다.

혹 한량없는 세월이 한 세월에 들어가며
혹 다시 한 세월이 수많은 세월에 들어가
일체 세월의 바다에 가지가지 문이
시방 국토에 다 분명하게 나타났습니다.

혹 일체 세월에 장엄한 일이
한 세월 가운데 다 나타남을 보며

혹 한 세월 안에 장엄한 바 일이
널리 일체 끝없는 세월에 들어갑니다.

처음 한 생각으로 좇아 마침내 한량없는 세월을 이루
기까지
다 중생의 심상心想을 의지하여 생기하나니
일체 국토 바다의 세월이 끝이 없는 것을
한 방편으로써 다 청정케 합니다.

그때에 보현보살이 다시 대중에게 일러 말하기를
모든 불자여, 응당히 알아야 합니다. 세계의 바다
에 세계의 바다 작은 티끌 수만치 많은 세월이 전변하
여 차별함이 있나니
말하자면 법이 이와 같은 까닭으로 세계의 바다에
한량없는 성겁·괴겁이 전변하며
더러운 중생이 거주하는 까닭으로 세계의 바다에

더러움을 이루는 세월이 전변하며

광대한 복을 닦은 중생이 머무는 까닭으로 세계의 바다에 더럽지만 깨끗함도 이루는 세월이 전변하며

신信·해解 보살이 머무는 까닭으로 세계의 바다에 깨끗하지만 더러움도 이루는 세월이 전변하며

한량없는 중생이 보리심을 일으키는 까닭으로 세계의 바다에 순전히 청정한 세월이 전변하며

모든 보살이 각각 모든 세계에 노니는 까닭으로 세계의 바다에 끝없이 장엄한 세월이 전변하며

시방의 일체 세계의 바다에 모든 보살이 구름같이 모이는 까닭으로 세계의 바다에 한량없이 크게 장엄한 세월이 전변하며

모든 부처님 세존이 열반에 들어간 까닭으로 세계의 바다에 장엄이 사라진 세월이 전변하며

모든 부처님이 세상에 출현한 까닭으로 일체 세계의 바다에 넓게 장엄한 세월이 전변하며

여래가 신통으로 변화한 까닭으로 세계의 바다에 널리 청정한 세월이 전변합니다.

이와 같은 등이 세계의 바다에 작은 티끌 수만치 많이 있습니다.

그때에 보현보살이 거듭 그 뜻을 선설하고자 하여 부처님의 위신력을 받아 시방을 관찰하고 게송을 설하여 말하기를,

일체 모든 국토가
다 업력을 따라 생기하나니
그대 등은 응당히 관찰하세요.
전변하는 모습이 이와 같습니다.

오염된 모든 중생이
업혹에 얽혀 가히 두려워하나니

저 마음이 국토의 바다로 하여금

일체 오염을 이루게 합니다.

만약 어떤 중생이 청정한 마음으로

모든 복덕의 행을 닦는다면

저 마음이 국토의 바다로 하여금

잡염케도 하고 그리고 청정케도 합니다.

신해의 모든 보살이

저 세월(劫) 가운데 태어나

그들의 마음에 있는 바를 따라서

잡염케도 하고 청정케도 합니다.

한량없는 모든 중생이

다 보리심을 일으킴에

저 마음이 국토의 바다에

머무는 세월로 하여금 청정케 합니다.

한량없는 억 보살이
시방에 나아감에
장엄이 다름이 없지만
세월 가운데 차별을 봅니다.

낱낱 작은 티끌 안에
부처님의 국토에 티끌 수와 같은
보살이 함께 구름같이 모이니
국토가 다 청정합니다.

세존이 열반에 들어
저 국토에 장엄이 사라지니
중생은 법기가 없고
세계는 잡염을 이루었습니다.

만약 어떤 부처님이라도 세상에 출흥하시면
일체가 다 진귀하고 좋을 것이니
그들의 마음이 청정함을 따라서
장엄을 다 구족할 것입니다.

모든 부처님이 신통력으로
사의할 수 없음을 시현하시니
이때에 모든 국토의 바다에
일체가 널리 청정합니다.

그때에 보현보살이 다시 대중에게 일러 말하기를
   모든 불자여, 응당히 알아야 합니다. 세계의 바다
에 세계의 바다 작은 티끌 수만치 많은 차별이 없는
것이 있나니
   말하자면 낱낱 세계의 바다 가운데 세계의 바다에
작은 티끌 수만치 많은 세계가 있으되 차별이 없으며

낱낱 세계의 바다 가운데 모든 부처님이 출현하심에 있는 바 위력이 차별이 없으며

낱낱 세계의 바다 가운데 일체 도량이 시방법계에 두루한 것이 차별이 없으며

낱낱 세계의 바다 가운데 일체 여래의 도량에 모인 대중이 차별이 없으며

낱낱 세계의 바다 가운데 일체 부처님의 광명이 법계에 두루한 것이 차별이 없으며

낱낱 세계의 바다 가운데 일체 부처님이 변화하신 명호가 차별이 없으며

낱낱 세계의 바다 가운데 일체 부처님의 음성이 널리 세계의 바다에 끝없는 세월토록 두루하여 머무는 것이 차별이 없으며

낱낱 세계의 바다 가운데 법륜의 방편이 차별이 없으며

낱낱 세계의 바다 가운데 일체 세계의 바다가

널리 한 티끌에 들어가는 것이 차별이 없으며

낱낱 세계의 바다 가운데 낱낱 작은 티끌에 일체 삼세의 모든 부처님 세존의 광대한 경계가 다 그 가운데 나타나는 것이 차별이 없는 것입니다.

모든 불자여, 세계의 바다에 차별이 없는 것을 간략하게 말한다면 이와 같거니와 만약 폭넓게 설한다면 세계의 바다에 작은 티끌 수만치 많은 차별이 없는 것이 있습니다.

그때에 보현보살이 거듭 그 뜻을 선설하고자 하여 부처님의 위신력을 받아 시방을 관찰하고 게송을 설하여 말하기를,

하나의 작은 티끌 가운데 많은 국토의 바다가
처소마다 각각 다르게 다 장엄하여
이와 같이 한량없는 국토가 하나의 티끌 가운데 들어

172

가지만

낱낱이 구분되어 섞이거나 차서를 넘은 것이 없습
니다.

낱낱 티끌 안에 사의할 수 없는 부처님이

중생의 마음을 따라 널리 앞에 나타나

일체 국토의 바다에 두루하지 아니함이 없으시지만

이와 같은 방편은 차별이 없습니다.

낱낱 티끌 가운데 모든 나무왕에

가지가지 장엄이 다 내려 펼쳐져

시방의 국토에 다 같이 나타나지만

이와 같은 일체는 차별이 없습니다.

낱낱 티끌 안에 작은 티끌같이 많은 대중이

다 함께 사람 가운데 주인을 에워싸는데

그 주인은 일체를 벗어나 세간에 두루하시지만
또한 좁거나 서로 섞여 혼란하지 않습니다.

낱낱 티끌 가운데 한량없는 광명이
널리 시방의 모든 국토에 두루하여
다 모든 부처님의 깨달음에 행을 나타내지만
일체 국토의 바다는 차별이 없습니다.

낱낱 티끌 가운데 한량없는 몸이
변화하여 구름같이 널리 두루하여
부처님의 신통으로써 중생을 인도하지만
시방의 국토는 또한 차별이 없습니다.

낱낱 티끌 가운데 수많은 법을 설함에
그 법이 청정하기가 윤전輪轉과 같나니
가지가지 방편의 자재한 법문

그 일체를 다 연설하지만 차별이 없습니다.

한 티끌 안에 널리 모든 부처님의 음성을 연설하여
법기法器인 모든 중생에게 충만케 하여
세계의 바다에 무앙수 세월토록 두루 머물게 하지만
이와 같은 음성은 차이가 없습니다.

국토의 바다에 한량없는 묘한 장엄이
한 티끌 가운데 들어가지 아니함이 없나니
이와 같은 모든 부처님의 신통력
그 일체는 다 업의 자성을 인유하여 일어납니다.

낱낱 티끌 가운데 삼세의 부처님이
그들이 좋아하는 바를 따라 다 하여금 보게 하시지만
그 자체성은 온 적도 없고 또한 간 적도 없이
원력인 까닭으로 세간에 두루하십니다.

화장세계품 ①

그때에 보현보살이 다시 대중에게 일러 말하기를

모든 불자여, 이 화장장엄세계의 바다는 이 비로자나 여래가 지나간 옛날에 세계의 바다에 작은 티끌 수만치 많은 세월(劫)토록 보살행을 닦으실 때에 낱낱 세월(劫) 가운데 세계의 바다에 작은 티끌 수만치 많은 부처님을 친근하시고 낱낱 부처님의 처소에서 세계의 바다에 작은 티끌 수만치 많은 대원을 청정하게 닦아 장엄하고 청정하게 하신 곳입니다.

모든 불자여, 이 화장장엄세계의 바다가 수미산 미진수 풍륜이 있어서 주지住持하는 바입니다.

그 최고 아래에 풍륜은 이름이 평등하게 머무는

것이니 능히 그 위에 일체 보배 불꽃이 치연하는 장엄을 주지住持하며

그 다음 위에 풍륜은 이름이 가지가지 보배 장엄을 출생하는 것이니 능히 그 위에 청정한 광명이 비치는 마니왕의 당기를 주지하며

그 다음 위에 풍륜은 이름이 보배 위덕이니 능히 그 위에 일체 보배 요령을 주지하며

그 다음 위에 풍륜은 이름이 평등한 광명 불꽃이니 능히 그 위에 태양 광명 모습의 마니왕 바퀴를 주지하며

그 다음 위에 풍륜은 이름이 가지가지로 널리 장엄하는 것이니 능히 그 위에 광명의 바퀴 꽃을 주지하며

그 다음 위에 풍륜은 이름이 널리 청정한 것이니 능히 그 위에 일체 꽃불 사자의 자리를 주지하며

그 다음 위에 풍륜은 이름이 소리가 시방에 두루하

는 것이니 능히 그 위에 일체 여의주왕의 당기를 주지하며

그 다음 위에 풍륜은 이름이 일체 보배 광명이니 능히 그 위에 일체 마니왕의 나무 꽃을 주지하며

그 다음 위에 풍륜은 이름이 빠르게 널리 섭지하는 것이니 능히 그 위에 일체 향기 나는 마니 수미산의 구름을 주지하며

그 다음 위에 풍륜은 이름이 가지가지 궁전에 유행하는 것이니 능히 그 위에 일체 보배 색향꽃대臺의 구름을 주지하였습니다.

모든 불자여, 저 수미산 미진수 풍륜에 최고 위에 있는 것은 이름이 수승한 위력광명의 창고이니 능히 넓은 광명 마니로 장엄한 향수해를 주지하였습니다.

이 향수해에 큰 연꽃이 있나니 이름이 가지가지 광명 나는 꽃술 향기 당기입니다.

화장장엄세계의 바다가 그 가운데 주지하여 있으

되 사방이 고르고 평탄하며 청정하고 견고하여 금강
륜산이 두루 돌아 에워쌌으며 땅과 바다와 수많은
나무가 각각 구별이 있습니다.

　　이때에 보현보살이 거듭 그 뜻을 선설하고자 하여
부처님의 위신력을 받아 시방을 관찰하고 게송을
설하여 말하기를,

세존이 지나간 옛날 삼유(諸有)에
작은 티끌 수만치 많은 부처님의 처소에서 청정한
업을 닦았기에
그런 까닭으로 가지가지 보배 광명의
화장장엄세계의 바다를 얻었습니다.

광대한 자비의 구름이 일체처에 두루하여
몸을 버린 것이 한량없기가 세계 티끌 수와 같나니

옛날 수많은 세월의 바다에서 수행한 힘으로써
지금의 이 세계가 모든 때가 없습니다.

큰 광명을 놓아 두루 허공에 주지하되
풍력으로 주지하여 동요가 없는 바입니다.

부처님의 창고에 마니로 널리 장엄하여 꾸미되
여래의 원력으로 하여금 청정케 하며
널리 마니로 묘하게 갈무리한 꽃을 흩되
옛날에 원력으로써 허공 가운데 머뭅니다.

가지가지 견고한 장엄의 바다에
광명의 구름이 내려 펼쳐져 시방에 가득하며
모든 마니 가운데 보살의 구름이
널리 시방에 나아감에 광명이 치연합니다.

광명의 불꽃으로 바퀴를 이루고 묘한 꽃으로 꾸며
법계에 두루 유출하여 두루하지 아니함이 없습니다.

일체 보배 가운데 청정한 광명을 놓으니
그 광명이 널리 중생의 바다와
시방의 국토를 비추어 다 두루하여
다 하여금 고통을 벗어나 보리를 향하게 합니다.

보배 가운데 부처님의 수를 중생과 같이 하여
그 털구멍으로 좇아 화신불의 모습으로 출생하시니
범천주와 제석천왕과 전륜왕 등과
일체중생과 그리고 모든 부처님입니다.

화현한 광명이 법계와 같거늘
광명 가운데 모든 부처님의 명호를 연설하며
가지가지 방편으로 중생을 조복함을 보여

널리 중생의 마음에 응하여 다함이 없게 합니다.

화장세계에 있는 바 티끌의
낱낱 티끌 가운데 법계를 봄에
보배 광명에 부처님이 나타나심이 구름이 모이는
것과 같나니
이것은 여래가 국토에 자재하신 것입니다.

광대한 서원의 구름을 법계에 두루하게 하여
일체 세월에 중생을 교화하시고
보현의 지혜의 땅에 행을 다 성취하였기에
있는 바 장엄이 이로 좇아 나오는 것입니다.

그때에 보현보살이 다시 대중에게 일러 말하기를
모든 불자여, 이 화장장엄세계의 바다에 대륜위산
은 일주왕日珠王 같은 연꽃 위에 주지하여 전단 마니

로써 그 몸을 삼았으며

위덕 보배왕으로써 그 산의 봉우리를 삼았으며

묘한 향 마니로 그 산의 바퀴를 지었으며

불꽃으로 갈무리한 금강으로 함께 성립한 바이며

일체 향수가 그 사이에 흘러내리며

수많은 보배로 숲이 되어 묘한 꽃이 피었으며

향기 나는 풀들이 땅에 펼쳐져 있으며

밝은 진주로 사이를 꾸몄으며

가지가지 향기 나는 꽃이 곳곳에 가득하며

마니로 그물이 되어 두루 돌아 내려 덮었나니

이와 같이 등이 세계의 바다에 작은 티끌 수만치
많은 묘한 장엄이 있었습니다.

그때에 보현보살이 거듭 그 뜻을 선설하고자 하여
부처님의 위신력을 받아 시방을 관찰하고 게송을
설하여 말하기를,

세계의 큰 바다는 끝이 없고
보배의 바퀴는 청정하여 가지가지 색상이며
있는 바 장엄도 다 기묘하나니
이것은 여래의 위신력을 인유하여 일어난 것입니다.

마니보배의 바퀴와 묘한 향기의 바퀴와
그리고 진주의 등불 바퀴가
가지가지 묘한 보배로 장엄하고 꾸몄으니
청정한 윤위산이 안주하는 바입니다.

견고한 마니로써 창고를 삼았고
염부단금으로 장엄하고 꾸밈을 지었으며
광명을 펼치고 불꽃을 일으켜 시방에 두루하게 하여
안과 밖으로 비추어 사무쳐 다 청정케 하였습니다.

금강 마니로 모아 이루고

다시 마니의 모든 묘한 보배를 비 내리는 바로되
그 보배가 정미롭고 기이한 것이 한 가지가 아니니
청정한 광명을 놓아 널리 장엄을 화려하게 하였습
니다.

향수는 나누어 흐르되 그 색이 한량이 없고
모든 꽃과 보배와 그리고 전단까지 흩었으며
수많은 연꽃은 다투어 피어나 옷이 펼쳐진 것 같고
진기한 풀은 줄지어 생겨나 다 향기롭습니다.

한량없는 보배 나무로 널리 장엄하여
꽃이 피고 꽃술이 생겨나고 색깔이 치연하며
가지가지 유명한 옷이 그 안에 있고
광명의 구름이 사방에 비치어 항상 원만합니다.

한량없고 끝없는 큰 보살들이

일산을 잡고 향을 사르기를 법계에 넘쳐나게 하고
다 일체 묘한 음성을 내어
널리 여래의 정법의 바퀴를 전합니다.

모든 마니 나무는 보배 가루로 만들어졌고
낱낱 보배 가루는 광명을 나타내거늘
비로자나의 청정한 몸이
다 그 가운데 들어가 널리 하여금 보게 하십니다.

모든 장엄 가운데 부처님의 몸을 나타내되
끝없는 색상을 무앙수로 하여
다 시방에 나아가 두루하지 아니함이 없게 하며
교화하는 바 중생도 또한 한이 없게 합니다.

일체 장엄이 묘한 음성을 내어
여래 본원의 바퀴를 연설하며

시방에 있는 바 청정한 국토의 바다에
부처님의 자재한 힘으로 다 하여금 두루하게 합니다.

　그때에 보현보살이 다시 대중에게 일러 말하기를
　모든 불자여, 이 세계의 바다 대륜위산 안에 있는
바 대지는 일체가 다 금강으로 이루어진 바이니
견고하게 장엄되어 가히 무너뜨릴 수 없으며
　청정하고 평탄하여 높고 낮은 것이 없으며
　마니로 바퀴를 삼았으며
　수많은 보배로 창고를 삼았으며
　일체중생의 가지가지 형상인 모든 마니보배로써
사이에 섞어 장엄하였으며
　수많은 보배 가루를 흩었으며
　연꽃을 펼쳤으며
　향기로 갈무리한 마니를 그 사이에 나누어 두었
으며

모든 장엄 기구가 넘쳐나 두루한 것이 구름 같거늘 삼세에 일체 모든 부처님의 국토에 있는 바 장엄으로 섞어 꾸몄으며

마니의 묘한 보배로 그 그물을 삼아 널리 여래가 소유한 경계를 나타낸 것이 하늘에 제석의 그물이 그 가운데 펼쳐져 나열된 것과 같습니다.

모든 불자여, 이 세계의 바다에 땅이 이와 같은 등 세계의 바다에 작은 티끌 수만치 많은 장엄이 있었습니다.

그때에 보현보살이 거듭 그 뜻을 밝히고자 하여 부처님의 위신력을 받아 시방을 관찰하고 게송을 설하여 말하기를,

그 땅이 평탄하고 지극히 청정하며
안주함이 견고하여 능히 무너뜨릴 수 없으며

마니로 곳곳에 장엄하였으며
수많은 보배로 그 가운데 서로 사이에 섞어 장엄하였
습니다.

금강으로 땅이 되어 가히 기뻐할 만하며
보배 바퀴와 보배 그물로 장엄을 구족하였으며
연꽃이 그 위에 펼쳐졌으되 다 원만하고
묘한 옷을 가득 펴 다 두루하였습니다.

보살의 천관天冠인 보배 영락으로
다 그 땅에 펼쳐 장엄을 묘호하게 하고
전단 마니로 널리 그 가운데 흩으니
다 때를 떠난 묘한 광명이 펼쳐집니다.

보배 연꽃이 불꽃을 일으켜 묘한 광명을 내니
광명의 불꽃이 구름과 같아 일체를 비추며

이 묘한 꽃과 그리고 수많은 보배를 흩어
널리 그 땅에 덮어 장엄하고 꾸몄습니다.

짙은 구름이 일어나 퍼져 시방에 가득하고
광대한 광명이 끝이 없거늘
널리 시방의 일체 국토에 이르러
여래의 감로법을 연설합니다.

일체 부처님의 서원으로 마니 안에
널리 끝없는 광대한 세월(劫)을 나타내니
가장 수승한 지혜인이 옛날에 행하신 바를
이 보배 가운데서 보지 아니함이 없습니다.

그 땅에 있는 바 마니보배에
일체 부처님의 국토가 다 와서 들어가며
저 모든 부처님 국토의 낱낱 티끌에

일체 국토도 또한 그 가운데 들어갑니다.

묘한 보배로 장엄한 화장세계에
보살이 노닐기를 시방에 두루하여
대사大士의 모든 넓은 서원을 연설하나니
이것은 도량에 자재한 힘입니다.

마니의 묘한 보배로 장엄한 땅에
청정한 광명을 놓아 수많은 꾸밈을 갖추어
법계에 넘쳐나 허공과 같게 하나니
부처님의 힘으로 자연스레 이와 같이 나타납니다.

삼유(諸有)에서 보현의 서원을 닦아 다스리고
부처님의 경계에 들어간 큰 지혜인은
능히 이 국토의 바다 가운데
이와 같은 일체 모든 신통변화를 압니다.

그때에 보현보살이 다시 대중에게 일러 말하기를

모든 불자여, 이 세계의 바다에 대지大地 가운데 열 곱으로 가히 말할 수 없는 부처님 국토에 작은 티끌 수만치 많은 향수해가 있나니 일체 묘한 보배로써 그 바닥을 장엄하였으며

묘향의 마니로써 그 언덕을 장엄하였으며

비로자나의 마니보배왕으로써 그 그물을 삼았으며

향수는 비치어 사무치고 수많은 보배 색깔을 갖추어 그 가운데 넘쳐나며

가지가지 보배 꽃이 그 위에 돌아 펴졌으며

전단의 작은 가루가 그 아래에 맑은 찌꺼기로 있으며

부처님의 말소리를 연설하며

보배 광명을 놓으며

끝없는 보살이 가지가지 일산을 가져 신통의 힘을

나타내며

일체 세계에 있는 바 장엄이 다 그 가운데 나타나며

열 가지 보배 계단이 줄지어 나열되어 분포되었
으며

열 가지 보배 난간이 두루 돌아 에워쌌으며

사천하에 작은 티끌 수만치 많은 일체 보배로
장엄한 분타리 꽃이 물 가운데 활짝 피었으며

가히 말할 수 없는 백천억 나유타 수만치 많은
열 가지 보배 시라尸羅의 당기와

항하사 수만치 많은 일체 보배 옷과 요령과 그물의
당기와

항하사 수만치 많은 끝없는 색상 보배 연꽃의
누각과

백천억 나유타 수만치 많은 열 가지 보배 연꽃의
성城과

사천하에 작은 티끌 수만치 많은 수많은 보배

나무숲에 보배 불꽃 마니로 그 그물이 된 것과

항하사 수만치 많은 전단향에 모든 부처님 말소리
가 나는 광명 불꽃의 마니와

가히 말할 수 없는 백천억 나유타 수만치 많은
수많은 보배의 담장이 다 함께 에워싸 두루 장엄하고
꾸몄습니다.

그때에 보현보살이 거듭 그 뜻을 선설하고자 하여
부처님의 위신력을 받아 시방을 관찰하고 게송을
설하여 말하기를,

이 세계 가운데 대지 위에
향수해의 마니 장엄이 있나니
청정하고 묘한 보배가 그 바닥에 펼쳐져
금강의 가히 무너뜨릴 수 없는 곳에 안주합니다.

향장 마니로 쌓아 언덕을 이루니
태양 불꽃 구슬 바퀴가 펼쳐져 구름 같으며
연꽃의 묘한 보배로 영락을 삼아
곳곳에 장엄하니 청정하여 때가 없습니다.

향수가 맑고 수많은 보배 색깔을 갖추었으며
보배 꽃이 돌아 펴졌으며 보배 광명을 놓으며
널리 음성을 진동하여 멀거나 가까운 곳에 들리게
하며
부처님의 위신력으로 묘법을 연설합니다.

계단의 장엄을 수많은 보배로 갖추어 하였고
다시 마니로써 사이에 꾸몄으며
두루 돌아 있는 난간도 다 보배로 이루어졌고
연꽃 구슬 그물도 구름같이 펼쳐졌습니다.

마니보배 나무는 나열되어 줄을 이루었고
꽃들은 활짝 피어 빛이 더욱 빛나며
가지가지 음악은 항상 다투어 연주되나니
부처님의 신통력으로 하여금 이와 같게 합니다.

가지가지 묘한 보배 분타리는
피어 향수해를 덮어 장엄하고
향기 불꽃 광명은 잠시도 머무름 없이
광대하고 원만하게 다 넘쳐나 두루합니다.

명주의 보배 당기는 항상 치성하고
묘한 옷은 내려 펼쳐 장엄하여 꾸몄으며
마니의 요령과 그물은 법음을 연설하여
그 듣는 사람으로 하여금 부처님의 지혜에 나아가게
합니다.

묘한 보배 연꽃으로 성곽을 짓고

수많은 색채의 마니로 장엄한 바가 맑으며

진주의 구름 그림자로 사방을 덮어

이와 같이 향수해를 장엄하였습니다.

담장은 얽어싸 다 두루 돌아 있고

누각은 서로 바라보아 그 위에 분포되었으며

한량없는 광명은 항상 치연하여

가지가지 청정한 바다를 장엄하였습니다.

비로자나가 지나간 옛날에

가지가지 국토의 바다를 다 장엄하여 청정케 하였기에

이와 같이 광대한 장엄이 끝이 없나니

다 이것은 여래의 자재한 힘입니다.

그때에 보현보살이 다시 대중에게 일러 말하기를

모든 불자여, 낱낱 향수해에 각각 사천하에 작은 티끌 수만치 많은 향수하가 오른쪽으로 에워싸고 있나니 일체가 다 금강으로써 언덕을 삼았으며

그 청정한 광명의 마니로써 장엄하여 꾸몄으며

항상 모든 부처님의 보배 색상 광명 구름과 그리고 모든 중생이 소유한 말소리를 나타내며

그 향하에 있는 바 소용돌이 처소에 일체 모든 부처님의 닦으신 바 인행시에 가지가지 형상이 다 그 가운데로 좇아 나오며

마니로 그물을 삼았으며

수많은 보배로 요령과 금탁을 삼았으며

모든 세계 바다에 있는 바 장엄이 다 그 가운데서 나타나며

마니의 보배 구름이 그 위를 덮되 그 구름이 널리 화장세계에 비로자나가 시방에 화현한 부처님과

그리고 일체 부처님의 신통한 일을 나타내며

다시 묘한 음성을 내어 삼세에 부처님과 보살의
이름을 칭양하며

그 향수 가운데 항상 일체 보배 불꽃 광명의 구름을
내어 상속하여 끊어지지 않게 하였습니다.

만약 폭 넓게 설한다면 낱낱 향수하에 각각 세계
의 바다에 작은 티끌 수만치 많은 장엄이 있다 할
것입니다.

그때에 보현보살이 거듭 그 뜻을 선설하고자 하여
부처님의 위신력을 받아 시방을 관찰하고 게송을
설하여 말하기를,

청정한 향수가 흘러 대하大河에 넘쳐나니
금강의 묘한 보배로 그 언덕을 삼았으며
보배 가루로 바퀴를 삼아 그 땅 위에 펼쳐

가지가지로 장엄하여 꾸민 것이 다 진기하고 아름답습니다.

보배 계단은 줄지어 나열되어 묘하게 장엄하였으며
난간은 두루 돌아 다 수특하고 화려하며
진주로 창고를 삼고 수많은 꽃으로 꾸몄으며
가지가지 영락화만은 함께 아래로 늘어졌습니다.

향수에 보배 광명과 청정한 색은
항상 마니를 토하고 다투어 빨리 흐르며
수많은 꽃은 파랑을 따라 다 요동하여
다 음악을 연주하고 묘한 법을 선설합니다.

작은 가루 전단으로 반죽하여 앙금을 지으니
일체 묘한 보배가 다 돌아 소용돌이치며
향장의 기운이 그 가운데 퍼져 있으니

불꽃이 일어나고 향기가 흘러 널리 두루합니다.

향수하 가운데 모든 묘한 보배를 출생하니
다 광명을 놓아 색상이 치연하며
그 광명이 그림자를 펴 대좌를 이루니
꽃 일산과 진주영락을 다 구족하였습니다.

마니왕 가운데 부처님의 몸이 나타나니
광명이 널리 시방의 국토를 비추며
이로써 바퀴를 삼아 그 땅을 장엄하여 꾸미니
향수가 비춰 사무쳐 항상 넘쳐납니다.

마니로 그물을 삼으며 금으로 영탁을 삼아
두루 향하를 덮어 부처님의 음성을 연설하며
능히 일체 보리도와
그리고 보현의 묘한 행을 선설합니다.

보배 언덕에 마니가 지극히 청정하여
항상 여래의 본래 서원의 음성을 내고
일체 모든 부처님이 낭겁에 수행한 바를
그 음성으로 널리 연설하여 다 하여금 보게 합니다.

그 향하에 있는 바 물이 돌아 흐르는 곳에
보살이 구름과 같이 항상 솟아나와
다 광대한 국토 가운데 왕래하며
내지 법계에 다 넘쳐납니다.

청정한 구슬이 구름같이 펼쳐져
일체 향하에 다 가득 덮었으며
그 구슬이 부처님의 미간 백호상과 같아서
밝게 모든 부처님의 영상을 나타냅니다.

그때에 보현보살이 다시 대중에게 일러 말하기를

모든 불자여, 이 모든 향수하의 양변 사이에 땅이
다 묘한 보배로써 가지가지로 장엄되었으되 낱낱이
각각 사천하에 작은 티끌 수만치 많은 수많은 보배
로 장엄한 분타리 꽃이 있어 두루 돌아 두루 가득하
였으며

　　각각 사천하에 작은 티끌 수만치 많은 수많은
보배로 장엄된 수림이 있어 차례로 줄지어 나열되었
으되 낱낱 나무 가운데 항상 일체 모든 장엄 구름을
내며

　　마니보배왕이 그 사이를 비추며

　　가지가지 꽃향기가 곳곳에 넘쳐나며

　　그 나무가 다시 기묘한 음성을 내어 모든 여래가
일체 세월(劫) 가운데 수행하신 바 큰 서원을 설하며

　　다시 가지가지 마니보배왕을 흩어 그 땅에 가득하
고 두루하게 하나니,

　　말하자면 연꽃 바퀴인 마니보배왕과

향불 광명의 구름인 마니보배왕과

가지가지로 장엄하여 꾸민 마니보배왕과

가히 사의할 수 없는 장엄색을 나타내는 마니보배왕과

태양 광명의 옷 창고인 마니보배왕과

두루 시방에 널리 광명의 그물 구름을 내려 펼친 마니보배왕과

일체 모든 부처님의 신통변화를 나타내는 마니보배왕과

일체중생의 업보의 바다를 나타내는 마니보배왕이니 이와 같은 등이 세계의 바다에 작은 티끌 수만치 많이 있었습니다.

그리고 그 향수하의 양변 사이에 땅이 낱낱이 다 이와 같은 장엄을 갖추었습니다.

그때에 보현보살이 거듭 그 뜻을 선설하고자 하여

부처님의 위신력을 받아 시방을 관찰하고 게송을
설하여 말하기를,

그 땅은 평탄하고 지극히 청정하며
진금 마니로 함께 장엄하고 꾸몄으며
모든 보배 나무가 줄지어 나열되어 그 가운데 그늘을
내리고
솟은 줄기와 늘어진 가지가 모여 구름과 같습니다.

나뭇가지는 묘한 보배로 장엄한 바이며
꽃의 불꽃은 바퀴를 이룬 광명으로 사방을 비추며
마니로 과실을 삼아 구름과 같이 펼쳐
널리 시방으로 하여금 항상 나타내어 보게 합니다.

마니를 땅에 펼쳐 다 넘쳐나게 하고
수많은 꽃과 보배 가루로 함께 장엄하였으며

다시 마니로써 궁전을 지어

다 중생의 모든 영상을 나타냅니다.

모든 부처님의 영상인 마니왕을

널리 그 땅에 흩어 두루하지 아니함이 없게 하니

이와 같이 밝게 빛나 시방에 두루하여

낱낱 티끌 가운데 다 부처님을 봅니다.

묘한 보배로 장엄한 것이 잘 분포되었고

진주 등불 그물이 서로 사이에 섞이어 있으며

곳곳에 다 마니 바퀴가 있어서

낱낱이 다 부처님의 신통을 나타냅니다.

수많은 보배로 장엄한 것이 대광명을 놓고

광명 가운데 널리 모든 화신불을 나타내어

낱낱 부처님이 두루 행하여 두루하지 아니함이 없

거늘

다 십력十力으로써 널리 열어 연설합니다.

마니의 묘한 보배로 장엄한 분타리 꽃이

일체 향수 가운데 다 두루 넘쳐나며

그 꽃이 가지가지로 각각 같지 않지만

다 광명을 나타내기를 다함이 없이 합니다.

삼세에 있는 바 모든 장엄이

마니 과실 가운데 다 나타나지만

그 자체성은 난 적이 없어 가히 취할 수 없나니

이것은 여래의 자재한 힘입니다.

이 땅의 일체 장엄 가운데

다 여래의 광대한 몸을 나타내지만

저 여래가 또한 온 적도 없고 또한 간 적도 없나니

부처님의 옛날에 원력으로 다 하여금 보게 합니다.

이 땅의 낱낱 작은 티끌 가운데
일체 불자가 도를 수행하되
각각 수기한 바 당래의 국토가
그들의 뜻에 좋아함을 따라 다 청정함을 봅니다.

그때에 보현보살이 다시 대중에게 일러 말하기를
모든 불자여, 모든 부처님 세존의 세계 바다에
장엄은 가히 사의할 수 없습니다.
무슨 까닭인가.
모든 불자여, 이 화장장엄세계의 바다에 일체 경
계가 낱낱이 다 세계의 바다에 작은 티끌 수만치
많은 청정한 공덕으로 장엄한 바입니다.

그때에 보현보살이 거듭 그 뜻을 선설하고자 하여

부처님의 위신력을 받아 시방을 관찰하고 게송을
설하여 말하기를,

이 국토의 바다 가운데 일체 처소가
다 수많은 보배로 장엄하여 꾸몄으며
불꽃은 일어나 허공에 올라 구름같이 펼쳐졌고
광명은 밝게 사무쳐 항상 가득 덮었습니다.

마니가 구름을 토해 내기를 끝없이 하니
시방에 부처님의 그림자가 그 가운데 나타나며
신통과 변화를 잠시도 머무름이 없게 하니
일체 보살이 다 와서 모였습니다.

일체 마니가 부처님의 음성을 내니
그 음성이 아름답고 묘호하여 사의하기 어려우며
비로자나가 옛날에 수행한 바를

이 보배 안에서 항상 보고 듣게 합니다.

청정한 광명 두루 비추시는 세존이
장엄구 가운데 다 그림자를 나타내시니
변화한 분신을 대중이 에워싸
일체 국토 바다에 다 두루하게 하였습니다.

있는 바 화신불이 다 환상과 같아서
그 온 곳을 구하여도 가히 얻을 수 없나니
부처님 경계의 위신력으로써
일체 국토 가운데 이와 같이 나타나십니다.

여래의 자재한 신통사事를
다 시방의 모든 국토에 두루하게 하여
이로써 국토 바다에 청정한 장엄의
일체를 다 보배 가운데 나타내었습니다.

시방에 있는 바 모든 변화의
일체가 다 거울 가운데 영상과 같은 것이
다만 여래가 옛날에 수행한 바와
신통과 원력을 인유하여 출생하였습니다.

만약 어떤 사람이 능히 보현의 행을 닦아
보살의 수승한 지혜의 바다에 들어간다면
능히 일체 작은 티끌 가운데
널리 그 몸을 나타내어 수많은 국토를 청정케 할
것입니다.

가히 사의할 수 없는 억대세월(大劫)에
일체 모든 여래를 친근하여
그 일체의 수행한 바와 같은 것을
한 찰나 가운데 다 능히 나타내었습니다.

모든 부처님의 국토는 허공과 같아서
같을 수도 없고 난 적도 없고 모습도 없지만
중생을 이익케 하기 위하여 널리 장엄하고 청정케
하시며
본래의 원력인 까닭으로 그 가운데 머무십니다.

그때에 보현보살이 다시 대중에게 일러 말하기를
모든 불자여, 이 가운데 어떤 등의 세계가 머물고
있는지를 내가 지금 마땅히 설하겠습니다.
모든 불자여, 이 열 곱절 가히 말할 수 없는 부처님
의 국토에 작은 티끌 수만치 많은 향수해 가운데
열 곱절 가히 말할 수 없는 부처님의 국토에 작은
티끌 수만치 많은 세계종이 안주安住하고 있으며,
낱낱 세계종에 다시 열 곱절 가히 말할 수 없는
부처님의 국토에 작은 티끌 수만치 많은 세계가
있습니다.

모든 불자여, 저 모든 세계종이 세계의 바다 가운데 각각 의지하여 머무는 것과 각각의 형상과 각각의 체성과 각각의 방소와 각각의 취입趣入과 각각의 장엄과 각각의 분제와 각각의 행렬과 각각의 무차별과 각각의 힘으로 가피하여 주지住持합니다.

모든 불자여, 이 세계종이 혹 큰 연꽃의 바다를 의지하여 머물고 있으며

혹 끝없는 색상의 보배 꽃 바다를 의지하여 머물고 있으며

혹 일체 진주 창고의 보배 영락 바다를 의지하여 머물고 있으며

혹 향수의 바다를 의지하여 머물고 있으며

혹 일체 꽃의 바다를 의지하여 머물고 있으며

혹 마니보배 그물 바다를 의지하여 머물고 있으며

혹 돌아 흐르는 광명의 바다를 의지하여 머물고 있으며

혹 보살의 보배 장엄관冠 바다를 의지하여 머물고 있으며

혹 가지가지 중생 몸의 바다를 의지하여 머물고 있으며

혹 일체 부처님 음성 마니왕의 바다를 의지하여 머물고 있습니다.

이와 같은 등을 만약 폭넓게 설한다면 세계의 바다에 작은 티끌 수만치 많은 세계종이 있습니다.

모든 불자여, 저 일체 세계종이 혹 수미산의 형상을 짓고 있으며

혹 강의 형상을 짓고 있으며

혹 회전하는 형상을 짓고 있으며

혹 돌아서 흐르는 형상을 짓고 있으며

혹 수레바퀴 테의 형상을 짓고 있으며

혹 단선壇墠의 형상을 짓고 있으며

혹 나무숲의 형상을 짓고 있으며

혹 누각의 형상을 짓고 있으며

혹 산당山幢의 형상을 짓고 있으며

혹 넓은 방위의 형상을 짓고 있으며

혹 태장胎藏의 형상을 짓고 있으며

혹 연꽃의 형상을 짓고 있으며

혹 거륵가의 형상을 짓고 있으며

혹 중생 몸의 형상을 짓고 있으며

혹 구름의 형상을 짓고 있으며

혹 모든 부처님 상호의 형상을 짓고 있으며

혹 원만한 광명의 형상을 짓고 있으며

혹 가지가지 진주 그물의 형상을 짓고 있으며

혹 일체 문의 형상을 짓고 있으며

혹 모든 장엄구의 형상을 짓고 있습니다.

이와 같은 등을 만약 폭넓게 설한다면 세계의
바다에 작은 티끌 수만치 많은 형상이 있습니다.

모든 불자여, 저 일체 세계종이 혹 시방에 마니 구름으로써 체성을 삼고 있으며

　　혹 수많은 색상의 불꽃으로 체성을 삼고 있으며

　　혹 모든 광명으로써 체성을 삼고 있으며

　　혹 보배 향 불꽃으로써 체성을 삼고 있으며

　　혹 일체 보배 장엄 다라수 꽃으로 체성을 삼고 있으며

　　혹 보살의 영상으로써 체성을 삼고 있으며

　　혹 모든 부처님의 광명으로써 체성을 삼고 있으며

　　혹 부처님의 색상으로써 체성을 삼고 있으며

　　혹 한 보배 광명으로써 체성을 삼고 있으며

　　혹 수많은 보배 광명으로써 체성을 삼고 있으며

　　혹 일체중생의 복덕의 바다에 음성으로써 체성을 삼고 있으며

　　혹 일체중생의 모든 업의 바다에 음성으로써 체성을 삼고 있으며

216

혹 일체 부처님의 경계에 청정한 음성으로써 체성을 삼고 있으며

혹 일체 보살의 큰 서원의 바다에 음성으로써 체성을 삼고 있으며

혹 일체 부처님의 방편의 음성으로써 체성을 삼고 있으며

혹 일체 국토에 장엄구가 이루어지고 무너지는 음성으로써 체성을 삼고 있으며

혹 끝없는 부처님의 음성으로써 체성을 삼고 있으며

혹 일체 부처님의 변화하시는 음성으로써 체성을 삼고 있으며

혹 일체중생의 좋은 음성으로써 체성을 삼고 있으며

혹 일체 부처님의 공덕의 바다에 청정한 음성으로써 체성을 삼고 있습니다.

이와 같은 등을 만약 폭넓게 설한다면 세계의
바다에 작은 티끌 수만치 많은 체성이 있습니다.

그때에 보현보살이 거듭 그 뜻을 선설하고자 하여
부처님의 위신력을 받아 시방을 관찰하고 게송을
설하여 말하기를,

찰종의 견고하고 묘한 장엄과
광대하고 청정한 광명의 창고가
연꽃 보배의 바다를 의지하여 머물며
혹 향수해를 의지하여 머물고 있는 등입니다.

수미산과 성과 나무숲과 단선의 형상인
일체 찰종이 시방에 두루하며
가지가지 장엄의 형상이 달라
각각 펼쳐 줄지어 안주합니다.

혹 어떤 찰종은 체성이 청정한 광명이며
혹 연꽃 창고이며 그리고 보배 구름이며
혹 어떤 찰종은 불꽃으로 이루어진 바
마니의 무너지지 않는 창고에 안주합니다.

혹 등 구름이며 불꽃 채색이며 광명 등等이며
가지가지 끝없는 청정한 색상이며
혹 어떤 찰종은 음성으로써 체성을 삼았으니
이것이 부처님이 연설하신 바 사의할 수 없는 것입
니다.

혹 원력으로 유출한 바 음성과
신통변화의 음성으로 체성을 삼으며
일체중생의 큰 복덕의 업과
부처님의 공덕의 바다에 음성도 또한 이와 같습니다.

찰종의 낱낱 차별문이

가히 사의할 수 없고 끝이 없으며

이와 같이 시방에 다 두루 가득한

광대한 장엄이 위신력으로 나타납니다.

시방에 있는 바 광대한 국토가

다 이 세계종에 들어오며

비록 시방이 널리 이 가운데 들어옴을 보지만

진실로 온 적도 없고 들어간 바도 없습니다.

한 찰종으로써 일체에 들어가며

일체로써 한 찰종에 들어가는 것도 또한 남김없이

하며

체상은 본래와 같이 차별이 없으며

비등할 수도 없고 헤아릴 수도 없지만 다 두루합니다.

일체 국토의 작은 티끌 가운데
널리 여래께서 그곳에 계심을 보니
원력의 바다에 말소리를 우뢰와 같이 진동하여
일체중생을 다 조복하십니다.

부처님의 몸은 일체 국토에 두루하시며
무수한 보살도 또한 충만하나니
여래의 자재하고 비등하여 짝할 수 없는 이가
널리 일체 모든 중생을 교화하십니다.

그때에 보현보살이 다시 대중에게 일러 말하기를
모든 불자여, 이 열 곱절 가히 말할 수 없는 부처님
의 국토에 작은 티끌 수만치 많은 향수해가 연화장
장엄세계의 바다 가운데 있는 것이 마치 하늘에
제석의 그물이 분포되어 안주하는 것과 같습니다.
모든 불자여, 이 최고 중앙에 향수해는 이름이

끝없는 묘한 꽃 광명이니 일체 보살의 형상을 나타내는 마니왕 당기로 바닥을 삼았으며

그곳에 큰 연꽃이 피어났으니 이름이 일체 향 마니왕으로 장엄한 것입니다.

세계종이 그 위에 안주하고 있나니 이름이 널리 시방을 비추는 치연한 보배 광명입니다. 일체 장엄구로써 체성을 삼았으며 가히 말할 수 없는 부처님의 국토에 작은 티끌 수만치 많은 세계가 그 가운데 펼쳐져 나열되어 있습니다.

그 최고 하방에 세계가 있나니 이름이 가장 수승한 광명이 두루 비추는 것입니다. 그곳은 일체 금강으로 장엄하여 광명이 비치는 바퀴로써 끝을 삼았으며

수많은 보배 마니 꽃을 의지하여 안주하며

그 형상이 비유하자면 마니보배의 형상과 같으며

일체 보배 꽃으로 장엄한 구름이 그 위를 가득히 덮었으며

부처님의 국토에 작은 티끌 수만치 많은 세계가 두루 돌아 에워싸 가지가지로 안주하고 가지가지로 장엄하였으며

부처님의 이름은 청정한 눈 때를 떠난 등불입니다.

이 위에 부처님의 국토에 작은 티끌 수만치 많은 세계를 지나 세계가 있나니 이름이 가지가지 향기 연꽃으로 묘하게 장엄한 것입니다.

일체 장엄구로써 끝을 삼았으며

보배 연꽃 그물을 의지하여 안주하며

그 형상이 비유하자면 사자의 자리와 같으며

일체 보배 색깔 구슬 휘장의 구름이 그 위를 가득 덮었으며

두 부처님의 국토에 작은 티끌 수만치 많은 세계가 두루 돌아 에워쌌으며

부처님의 이름은 사자의 광명이 수승하게 비추는

것입니다.

　이 위에 부처님의 국토에 작은 티끌 수만치 많은
세계를 지나 세계가 있나니 이름이 일체 보배 장엄이
널리 비추는 광명입니다.
　향기 바람 바퀴로써 끝을 삼았으며
　가지가지 보배 연꽃 영락을 의지하여 안주하며
　그 형상이 팔우八隅이며
　묘한 광명 마니 태양 바퀴의 구름이 그 위를 덮었
으며
　세 부처님의 국토에 작은 티끌 수만치 많은 세계가
두루 돌아 에워쌌으며
　부처님의 이름은 청정한 광명의 지혜가 수승한
당기입니다.

　이 위에 부처님의 국토에 작은 티끌 수만치 많은

세계를 지나 세계가 있나니 이름이 가지가지 광명의 꽃으로 장엄한 것입니다.

일체 보배왕으로써 끝을 삼았으며

수많은 색깔의 금강 시라 당기 바다를 의지하여 안주하며

그 형상이 비유하자면 마니 연꽃과 같으며

금강 마니보배 광명의 구름이 그 위를 덮었으며

네 부처님의 국토에 작은 티끌 수만치 많은 세계가 두루 돌아 에워쌌으며

순일하게 청정하며

부처님의 이름은 금강의 광명이 한량없는 정진의 힘으로 잘 출현하는 것입니다.

이 위에 부처님의 국토에 작은 티끌 수만치 많은 세계를 지나 세계가 있나니 이름이 널리 묘한 연꽃 광명을 놓는 것입니다.

일체 보배 요령 장엄 그물로써 끝을 삼았으며

일체 나무숲으로 장엄한 보배 바퀴 그물의 바다를 의지하여 안주하며

그 형상이 넓고 방정한 듯하지만 그러나 각이 많이 있으며

범천의 음성 가진 마니왕의 구름이 그 위를 덮었으며

다섯 부처님의 국토에 작은 티끌 수만치 많은 세계가 두루 돌아 에워쌌으며

부처님의 이름은 향기 광명 기쁨의 힘 바다입니다.

이 위에 부처님의 국토에 작은 티끌 수만치 많은 세계를 지나 세계가 있나니 이름이 청정하고 묘한 광명입니다.

보배왕으로 장엄한 당기로써 끝을 삼았으며

금강 궁전의 바다를 의지하여 안주하며

그 형상이 네모로 되었으며

마니 바퀴 상투 휘장의 구름이 그 위를 덮었으며

여섯 부처님의 국토에 작은 티끌 수만치 많은 세계가 두루 돌아 에워쌌으며

부처님의 이름은 넓은 광명이 자재한 당기입니다.

이 위에 부처님의 국토에 작은 티끌 수만치 많은 세계를 지나 세계가 있나니 이름이 수많은 연꽃불로 장엄한 것입니다.

가지가지 연꽃 장엄으로써 끝을 삼았으며

일체 보배 색깔 불꽃의 바다를 의지하여 안주하며

그 형상이 비유하자면 누각의 형상과 같으며

일체 보배 색깔 옷에 진주 난간의 구름이 그 위를 덮었으며

일곱 부처님의 국토에 작은 티끌 수만치 많은 세계가 두루 돌아 에워쌌으며

순일하게 청정하며

부처님의 이름은 환희의 바다에 공덕의 명칭이
자재한 광명입니다.

이 위에 부처님의 국토에 작은 티끌 수만치 많은
세계를 지나 세계가 있나니 이름이 위신력을 출생하
는 땅입니다.

일체 음성을 출생하는 마니왕의 장엄으로써 끝을
삼았으며

가지가지 보배 색깔 연꽃 자리 허공의 바다를
의지하여 안주하며

그 형상이 비유하자면 인다라 그물과 같으며

끝없는 색깔 꽃 그물의 구름이 그 위를 덮었으며

여덟 부처님의 세계에 작은 티끌 수만치 많은
세계가 두루 돌아 에워쌌으며

부처님의 이름은 광대한 명칭 지혜의 바다에 당기

228

입니다.

이 위에 부처님의 국토에 작은 티끌 수만치 많은 세계를 지나 세계가 있나니 이름이 묘한 음성을 출생하는 것입니다.

심왕 마니로 장엄한 바퀴로써 끝을 삼았으며

항상 일체 묘한 음성을 출생하는 장엄구름 마니왕의 바다를 의지하여 안주하며

그 형상이 비유하자면 범천에 천신의 형상과 같으며

한량없는 보배로 장엄한 사자좌의 구름이 그 위를 덮었으며

아홉 부처님의 세계에 작은 티끌 수만치 많은 세계가 두루 돌아 에워쌌으며

부처님의 이름은 청정한 달빛 광명의 모습 능히 최복할 수 없는 것입니다.

이 위에 부처님의 국토에 작은 티끌 수만치 많은 세계를 지나 세계가 있나니 이름이 금강 당기입니다.

끝없이 장엄한 진주 창고 보배 영락으로써 끝을 삼았으며

일체 장엄한 보배 사자좌 마니의 바다를 의지하여 안주하며

그 형상이 두루 원만하며

열 수미산 작은 티끌 수만치 많은 일체 향기 나는 마니 꽃 수미산의 구름이 그 위를 가득 덮었으며

열 부처님의 국토에 작은 티끌 수만치 많은 세계가 두루 돌아 에워쌌으며

순일하게 청정하며

부처님의 이름은 일체 진리의 바다에 가장 수승한 왕입니다.

이 위에 부처님의 국토에 작은 티끌 수만치 많은

세계를 지나 세계가 있나니 이름이 항상 검푸른 보배를 출현하는 광명입니다.

지극히 견고하여 가히 무너뜨릴 수 없는 금강의 장엄으로써 끝을 삼았으며

가지가지 수승하고 기이한 꽃의 바다를 의지하여 안주하며

그 형상이 비유하자면 반달의 형상과 같으며

모든 하늘에 보배 휘장의 구름이 그 위를 덮었으며

열한 부처님의 국토에 작은 티끌 수만치 많은 세계가 두루 돌아 에워쌌으며

부처님의 이름은 한량없는 공덕법입니다.

이 위에 부처님의 국토에 작은 티끌 수만치 많은 세계를 지나 세계가 있나니 이름이 광명이 비치는 것입니다.

넓은 광명의 장엄으로써 끝을 삼았으며

꽃이 돌아 있는 향수해를 의지하여 안주하며

형상이 연꽃이 돌아 있는 것과 같으며

가지가지 옷의 구름이 그 위를 덮었으며

열두 부처님의 국토에 작은 티끌 수만치 많은 세계가 두루 돌아 에워쌌으며

부처님의 이름은 제석과 범천을 초월한 것입니다.

이 위에 부처님의 국토에 작은 티끌 수만치 많은 세계를 지나 이 세계에 이르나니 이름이 사바입니다.

금강의 장엄으로써 끝을 삼았으며

가지가지 색깔의 풍륜으로 주지하는 바 연꽃의 그물을 의지하여 안주하며

형상이 허공과 같으며

넓고 원만한 하늘 궁전에 장엄한 허공의 구름이 그 위를 덮었으며

열세 부처님의 국토에 작은 티끌 수만치 많은

세계가 두루 돌아 에워쌌으며

그 부처님의 이름은 곧 이 비로자나 여래 세존입니다.

이 위에 부처님의 국토에 작은 티끌 수만치 많은 세계를 지나 세계가 있나니 이름이 적정하여 티끌을 떠난 광명입니다.

일체 보배 장엄으로써 끝을 삼았으며

가지가지 보배 옷의 바다를 의지하여 안주하며

그 형상이 비유하자면 집금강의 형상과 같으며

끝없는 색깔에 금강의 구름이 그 위를 덮었으며

열네 부처님의 세계에 작은 티끌 수만치 많은 세계가 두루 돌아 에워쌌으며

부처님의 이름은 법계에 두루한 수승한 음성입니다.

이 위에 부처님의 세계에 작은 티끌 수만치 많은 세계를 지나 세계가 있나니 이름이 수많은 묘한 광명의 등불입니다.

일체 장엄의 휘장으로써 끝을 삼았으며

청정한 꽃 그물 바다를 의지하여 안주하며

그 형상이 비유하자면 만자의 형상과 같으며

마니 나무에 향수해의 구름이 그 위를 덮었으며

열다섯 부처님의 세계에 작은 티끌 수만치 많은 세계가 두루 돌아 에워쌌으며

순일하게 청정하며

부처님의 이름은 가히 꺾어 항복할 수 없는 힘으로 널리 비추는 당기입니다.

이 위에 부처님의 국토에 작은 티끌 수만치 많은 세계를 지나 세계가 있나니 이름이 청정한 광명이 두루 비추는 것입니다.

끝없는 보배 구름 마니왕으로써 끝을 삼았으며

가지가지 향기 불꽃 연꽃의 바다를 의지하여 안주하며

그 형상이 비유하자면 거북이 등의 형상과 같으며

둥근 광명에 마니 바퀴 전단의 구름이 그 위를 덮었으며

열여섯 부처님의 국토에 작은 티끌 수만치 많은 세계가 두루 돌아 에워쌌으며

부처님의 이름은 청정한 눈 공덕의 눈동자입니다.

이 위에 부처님의 국토에 작은 티끌 수만치 많은 세계를 지나서 세계가 있나니 이름이 보배 장엄 창고입니다.

일체중생의 형상인 마니왕으로써 끝을 삼았으며

광명의 창고인 마니왕의 바다를 의지하여 안주하며

그 형상이 팔모이며

일체 윤위산에 보배로 장엄한 꽃나무 그물이 그 위를 가득 덮었으며

열일곱 부처님의 국토에 작은 티끌 수만치 많은 세계가 두루 돌아 에워쌌으며

부처님의 이름은 걸림 없는 지혜의 광명이 시방을 두루 비추는 것입니다.

이 위에 부처님의 국토에 작은 티끌 수만치 많은 세계를 지나 세계가 있나니 이름이 티끌을 떠난 것입니다.

일체 수승하고 묘한 모습의 장엄으로써 끝을 삼았으며

수많은 묘한 사자좌의 바다를 의지하여 안주하며

그 형상이 진주 영락과 같으며

일체 보배 향기 마니왕 둥근 광명의 구름이 그

위를 덮었으며

열여덟 부처님의 국토에 작은 티끌 수만치 많은 세계가 두루 돌아 에워쌌으며

순일하게 청정하며

부처님의 이름은 한량없는 방편의 최고로 수승한 당기입니다.

이 위에 부처님의 국토에 작은 티끌 수만치 많은 세계를 지나 세계가 있나니 이름이 청정한 광명이 널리 비추는 것입니다.

끝없는 보배 구름을 출생하는 마니왕으로써 끝을 삼았으며

한량없는 색깔에 향기 나는 불꽃 수미산의 바다를 의지하여 안주하며

그 형상이 비유하자면 보배 꽃이 돌아 펼쳐진 것과 같으며

끝없는 색깔의 광명 지닌 마니왕 검푸른 구름이
그 위를 덮었으며

열아홉 부처님의 국토에 작은 티끌 수만치 많은
세계가 두루 돌아 에워쌌으며

부처님의 이름은 널리 법계 허공을 비추는 광명입
니다.

이 위에 부처님의 국토에 작은 티끌 수만치 많은
세계를 지나 세계가 있나니 이름이 묘한 보배 불꽃입
니다.

넓은 광명인 일월日月의 보배로써 끝을 삼았으며

일체 모든 하늘의 형상인 마니왕의 바다를 의지하
여 안주하며

그 형상이 비유하자면 보배 장엄구와 같으며

일체 보배 의복 당기 구름과 그리고 마니 등 창고
그물이 그 위를 덮었으며

스물 부처님의 국토에 작은 티끌 수만치 많은
세계가 두루 돌아 에워쌌으며
순일하게 청정하며
부처님의 이름은 복덕의 모습에 광명입니다.

모든 불자여, 이 시방을 두루 비추는 치연한 보배
광명의 세계종에 이와 같은 등 가히 말할 수 없는
부처님의 국토에 작은 티끌 수만치 많은 광대한
세계가 있으되 각각 의지하여 머무는 바와 각각의
형상과 각각의 체성과 각각의 방면方面과 각각의
취입과 각각의 장엄과 각각의 분제와 각각의 행렬과
각각의 무차별과 각각의 힘으로 가피하여 주지하는
것이 두루 돌아 에워쌌나니
말하자면 열 부처님의 세계에 작은 티끌 수만치
많은 회전 형상의 세계와
열 부처님의 세계에 작은 티끌 수만치 많은 강

형상의 세계와

열 부처님의 세계에 작은 티끌 수만치 많은 돌아
흐르는 형상의 세계와

열 부처님의 세계에 작은 티끌 수만치 많은 수레바
퀴 테 형상의 세계와

열 부처님의 세계에 작은 티끌 수만치 많은 단선壇
墠 형상의 세계와

열 부처님의 세계에 작은 티끌 수만치 많은 나무숲
형상의 세계와

열 부처님의 세계에 작은 티끌 수만치 많은 누각
형상의 세계와

열 부처님의 세계에 작은 티끌 수만치 많은 시라尸
羅 당기 형상의 세계와

열 부처님의 세계에 작은 티끌 수만치 많은 넓은
방위의 세계와

열 부처님의 세계에 작은 티끌 수만치 많은 태장

240

형상의 세계와

　　열 부처님의 세계에 작은 티끌 수만치 많은 연꽃
형상의 세계와

　　열 부처님의 세계에 작은 티끌 수만치 많은 거룩가
형상의 세계와

　　열 부처님의 세계에 작은 티끌 수만치 많은 중생
형상의 세계와

　　열 부처님의 세계에 작은 티끌 수만치 많은 부처님
형상의 세계와

　　열 부처님의 세계에 작은 티끌 수만치 많은 원만한
광명 형상의 세계와

　　열 부처님의 세계에 작은 티끌 수만치 많은 구름
형상의 세계와

　　열 부처님의 세계에 작은 티끌 수만치 많은 그물
형상의 세계와

　　열 부처님의 세계에 작은 티끌 수만치 많은 문

형상의 세계입니다.

이와 같은 등이 가히 말할 수 없는 부처님의 세계에 작은 티끌 수만치 많이 있습니다.

이 낱낱 세계가 각각 열 부처님의 세계에 작은 티끌 수만치 많은 광대한 세계가 두루 돌아 에워싸고 있고, 이 모든 세계가 낱낱이 다시 위에서 말한 바와 같은 작은 티끌 수만치 많은 세계로 권속을 삼고 있습니다.

이와 같이 설한 바 일체 세계가 다 이 끝없는 묘한 연꽃 광명의 향수해와 그리고 이 바다를 에워싼 향수하香水河 가운데 있습니다.

화장세계품②

그때에 보현보살이 다시 대중에게 일러 말하기를

모든 불자여, 이 끝없는 묘한 연꽃 광명의 향수해 동쪽에 다음으로 향수해가 있나니 이름이 때를 떠난 불꽃 창고요,

큰 연꽃이 피어났으니 이름이 일체 향 마니왕으로 묘하게 장엄한 것이요,

세계종이 그 위에 안주하고 있나니 이름이 두루 비추는 찰선刹旋입니다.

보살행 사자후 음성으로써 체성을 삼았습니다.

이 가운데 최고 하방에 세계가 있나니 이름이 궁전 장엄 당기입니다.

그 형상이 네모이며

일체 보배로 장엄한 바다를 의지하여 안주하며

연꽃 광명 그물 구름이 그 위를 가득히 덮었으며

부처님의 국토에 작은 티끌 수만치 많은 세계가 에워쌌으되 순일하게 청정하며

부처님의 이름은 미간에 광명이 두루 비추는 것입니다.

이 위에 부처님의 국토에 있는 작은 티끌 수만치 많은 세계를 지나 세계가 있나니 이름이 공덕 꽃 창고입니다.

그 형상이 두루 원만하여 일체 보배 꽃술 바다를 의지하여 안주하며

진주 당기에 사자좌의 구름이 그 위를 가득히 덮었으며

두 부처님의 국토에 작은 티끌 수만치 많은 세계가 에워쌌으며

부처님의 이름은 일체 끝없는 진리의 바다에 지혜입니다.

이 위에 부처님의 국토에 작은 티끌 수만치 많은 세계를 지나 세계가 있나니 이름이 잘 변화하는 묘한 향기 바퀴입니다.

그 형상이 금강과 같으며

일체 보배로 장엄한 요령 그물의 바다를 의지하여 안주하며

가지가지로 장엄한 원만한 광명의 구름이 그 위를 가득히 덮었으며

세 부처님의 국토에 작은 티끌 수만치 많은 세계가 에워쌌으며

부처님의 이름은 공덕의 모습에 광명이 널리 비추는 것입니다.

이 위에 부처님의 국토에 작은 티끌 수만치 많은 세계를 지나 세계가 있나니 이름이 묘한 색상의 광명입니다.

그 형상이 비유하자면 마니 보배 바퀴와 같으며

끝없는 색상의 보배 향수해를 의지하여 안주하며

넓은 광명에 진주 누각의 구름이 그 위를 가득히 덮었으며

네 부처님의 국토에 작은 티끌 수만치 많은 세계가 에워쌌으며

순일하게 청정하며

부처님의 이름은 좋은 권속으로 출흥하여 두루 비추는 것입니다.

이 위에 부처님의 국토에 작은 티끌 수만치 많은 세계를 지나 세계가 있나니 이름이 잘 덮는 것입니다.

그 형상이 연꽃과 같으며

금강의 향수해를 의지하여 안주하며

티끌을 떠난 광명에 향수의 구름이 그 위를 덮었으며

다섯 부처님의 국토에 작은 티끌 수만치 많은 세계가 에워쌌으며

부처님의 이름은 진리의 기쁨 끝없는 지혜입니다.

이 위에 부처님의 국토에 작은 티끌 수만치 많은 세계를 지나 세계가 있나니 이름이 시리尸利 꽃 광명 바퀴입니다.

그 형상이 삼각이며

일체 견고한 보배로 장엄한 바다를 의지하여 안주하며

보살의 마니관에 광명의 구름이 그 위를 가득히 덮었으며

여섯 부처님의 국토에 작은 티끌 수만치 많은

세계가 에워쌌으며

부처님의 이름은 청정하고 넓은 광명입니다.

이 위에 부처님의 국토에 작은 티끌 수만치 많은 세계를 지나 세계가 있나니 이름이 보배 연꽃 장엄입니다.

그 형상이 반달과 같으며

일체 연꽃으로 장엄한 바다를 의지하여 안주하며

일체 보배 꽃의 구름이 그 위를 가득히 덮었으며

일곱 부처님의 국토에 작은 티끌 수만치 많은 세계가 에워쌌으며

순일하게 청정하며

부처님의 이름은 공덕의 꽃에 청정한 눈입니다.

이 위에 부처님의 국토에 작은 티끌 수만치 많은 세계를 지나 세계가 있나니 이름이 때 없는 불꽃

장엄입니다.

그 형상이 비유하자면 보배 등이 행렬되어 있는 것과 같으며

보배 불꽃 창고의 바다를 의지하여 안주하며

항상 향수를 비 내리는 가지가지 몸의 구름이 그 위를 가득히 덮었으며

여덟 부처님의 국토에 작은 티끌 수만치 많은 세계가 에워쌌으며

부처님의 이름은 지혜의 힘 능히 이길 자 없는 것입니다.

이 위에 부처님의 국토에 작은 티끌 수만치 많은 세계를 지나 세계가 있나니 이름이 묘한 범음입니다.

그 형상이 만卍 자와 같으며

보배 옷 당기의 바다를 의지하여 안주하며

일체 꽃으로 장엄한 휘장의 구름이 그 위를 가득히

덮었으며

아홉 부처님의 국토에 작은 티끌 수만치 많은 세계가 에워쌌으며

부처님의 이름은 광대한 그 눈 허공 가운데 청정한 달과 같은 것입니다.

이 위에 부처님의 국토에 작은 티끌 수만치 많은 세계를 지나 세계가 있나니 이름이 작은 티끌 수 같은 음성입니다.

그 형상이 비유하자면 인다라 그물과 같으며

일체 보배 물 바다를 의지하여 안주하며

일체 음악 보배 일산의 구름이 그 위를 가득히 덮었으며

열 부처님의 국토에 작은 티끌 수만치 많은 세계가 에워쌌으며

순일하게 청정하며

부처님의 이름은 황금색상에 수미산 등불입니다.

이 위에 부처님의 국토에 작은 티끌 수만치 많은 세계를 지나 세계가 있나니 이름이 보배 색상으로 장엄한 것입니다.

그 형상이 만卍 자와 같으며

제석의 형상인 보배왕의 바다를 의지하여 안주하며

태양 광명 꽃의 구름이 그 위를 가득히 덮었으며

열한 부처님의 국토에 작은 티끌 수만치 많은 세계가 에워쌌으며

부처님의 이름은 멀리 법계를 비추는 광명의 지혜입니다.

이 위에 부처님의 국토에 작은 티끌 수만치 많은 세계를 지나 세계가 있나니 이름이 황금색상에 묘한

광명입니다.

　그 형상이 비유하자면 광대한 성곽과 같으며

　일체 보배로 장엄한 바다를 의지하여 안주하며

　도량에 보배 꽃의 구름이 그 위를 가득히 덮었으며

　열두 부처님의 국토에 작은 티끌 수만치 많은 세계가 에워쌌으며

　부처님의 이름은 보배 등불이 널리 비추는 당기입니다.

　이 위에 부처님의 국토에 작은 티끌 수만치 많은 세계를 지나 세계가 있나니 이름이 두루 비추는 광명의 바퀴입니다.

　그 형상이 꽃이 돌아 있는 것과 같으며

　보배 옷이 돌아 있는 바다를 의지하여 안주하며

　부처님의 음성 보배왕 누각의 구름이 그 위를 가득히 덮었으며

열세 부처님의 국토에 작은 티끌 수만치 많은
세계가 에워쌌으며

순일하게 청정하며

부처님의 이름은 연꽃의 불꽃이 두루 비추는 것입
니다.

이 위에 부처님의 국토에 작은 티끌 수만치 많은
세계를 지나 세계가 있나니 이름이 보배 창고 장엄입
니다.

그 형상이 사주四洲와 같으며

보배 영락으로 된 수미산 바다를 의지하여 안주
하며

보배 불꽃 마니의 구름이 그 위를 가득히 덮었으며

열네 부처님의 국토에 작은 티끌 수만치 많은
세계가 에워쌌으며

부처님의 이름은 끝없는 복을 피게 하는 꽃입니다.

이 위에 부처님의 국토에 작은 티끌 수만치 많은 세계를 지나 세계가 있나니 이름이 거울이 형상을 널리 나타내는 것과 같습니다.

그 형상이 비유하자면 아수라 몸과 같으며

금강 연꽃의 바다를 의지하여 안주하며

보배 관에 광명 그림자의 구름이 그 위를 가득히 덮었으며

열다섯 부처님의 국토에 작은 티끌 수만치 많은 세계가 에워쌌으며

부처님의 이름은 감로의 음성입니다.

이 위에 부처님의 국토에 작은 티끌 수만치 많은 세계를 지나 세계가 있나니 이름이 전단의 달(月)입니다.

그 형상이 팔우八隅이며

금강 전단 보배의 바다를 의지하여 안주하며

진주 꽃 마니의 구름이 그 위를 가득히 덮었으며

열여섯 부처님의 국토에 작은 티끌 수만치 많은 세계가 에워쌌으며

순일하게 청정하며

부처님의 이름은 가장 수승한 진리인 비등할 수 없는 지혜입니다.

이 위에 부처님의 국토에 작은 티끌 수만치 많은 세계를 지나 세계가 있나니 이름이 때를 떠난 광명입니다.

그 형상이 비유하자면 향수가 돌아 흐르는 것과 같으며

끝없는 색상 보배 광명의 바다를 의지하여 안주하며

묘한 향 광명의 구름이 그 위를 가득히 덮었으며

열일곱 부처님의 국토에 작은 티끌 수만치 많은

세계가 에워쌌으며

부처님의 이름은 두루 허공을 비추는 광명의 음성입니다.

이 위에 부처님의 국토에 작은 티끌 수만치 많은 세계를 지나 세계가 있나니 이름이 묘한 꽃으로 장엄한 것입니다.

그 형상이 비유하자면 돌아 에워싼 형상과 같으며

일체 연꽃의 바다를 의지하여 안주하며

일체 음악 마니의 구름이 그 위를 가득히 덮었으며

열여덟 부처님의 국토에 작은 티끌 수만치 많은 세계가 에워쌌으며

부처님의 이름은 널리 수승한 광명을 나타내는 것입니다.

이 위에 부처님의 국토에 작은 티끌 수만치 많은

세계를 지나 세계가 있나니 이름이 수승한 음성으로 장엄한 것입니다.

그 형상이 비유하자면 사자의 자리와 같으며

황금 사자자리의 바다를 의지하여 안주하며

수많은 색상의 연꽃으로 갈무리한 사자자리의 구름이 그 위를 가득히 덮었으며

열아홉 부처님의 국토에 작은 티끌 수만치 많은 세계가 에워쌌으며

부처님의 이름은 끝없는 공덕으로 불리는 넓은 광명입니다.

이 위에 부처님의 국토에 작은 티끌 수만치 많은 세계를 지나 세계가 있나니 이름이 높고 수승한 등불입니다.

그 형상이 부처님의 손바닥과 같으며

보배 의복에 향기 나는 당기의 바다를 의지하여

안주하며

태양이 널리 비치는 보배왕 누각의 구름이 그 위를 가득히 덮었으며

스물 부처님의 국토에 작은 티끌 수만치 많은 세계가 에워쌌으며

순일하게 청정하며

부처님의 이름은 널리 허공을 비추는 등불입니다.

모든 불자여, 이 때를 떠난 불꽃 창고의 향수해 남쪽에 다음으로 향수해가 있나니 이름이 끝없는 광명의 바퀴요,

세계종은 이름이 부처님의 당기로 장엄한 것입니다.

일체 부처님의 공덕의 바다에 음성으로써 체성을 삼았습니다.

이 가운데 최고 하방에 세계가 있나니 이름이

애견의 꽃입니다.

그 형상이 보배 바퀴와 같으며

마니 나무의 창고에 보배왕의 바다를 의지하여
안주하며

보살의 형상으로 화현한 보배 창고의 구름이 그
위를 가득히 덮었으며

부처님의 국토에 작은 티끌 수만치 많은 세계가
에워쌌으며

순일하게 청정하며

부처님의 이름은 연꽃 광명에 환희의 얼굴입니다.

이 위에 부처님의 국토에 작은 티끌 수만치 많은
세계를 지나 세계가 있나니 이름이 묘한 음성이요
부처님의 이름은 수미산 보배 등불입니다.

이 위에 부처님의 국토에 작은 티끌 수만치 많은
세계를 지나 세계가 있나니 이름이 수많은 보배로

장엄한 광명이요

부처님의 이름은 법계 음성의 당기입니다.

이 위에 부처님의 국토에 작은 티끌 수만치 많은 세계를 지나 세계가 있나니 이름이 향창고에 금강이요

부처님의 이름은 광명의 음성입니다.

이 위에 부처님의 국토에 작은 티끌 수만치 많은 세계를 지나 세계가 있나니 이름이 청정하고 묘한 음성이요

부처님의 이름은 최고 수승한 정진의 힘입니다.

이 위에 부처님의 국토에 작은 티끌 수만치 많은 세계를 지나 세계가 있나니 이름이 보배 연꽃으로 장엄한 것이요

부처님의 이름은 법성法城의 구름에 우뢰의 소리입니다.

이 위에 부처님의 국토에 작은 티끌 수만치 많은

세계를 지나 세계가 있나니 이름이 안락을 주는 것이요

부처님의 이름은 크게 이름 드날린 지혜의 등불입니다.

이 위에 부처님의 국토에 작은 티끌 수만치 많은 세계를 지나 세계가 있나니 이름이 때 없는 그물이요

부처님의 이름은 사자의 광명에 공덕의 바다입니다.

이 위에 부처님의 국토에 작은 티끌 수만치 많은 세계를 지나 세계가 있나니 이름이 꽃숲에 당기가 두루 비추는 것이요

부처님의 이름은 큰 지혜 연꽃의 광명입니다.

이 위에 부처님의 국토에 작은 티끌 수만치 많은 세계를 지나 세계가 있나니 이름이 한량없는 장엄이요

부처님의 이름은 넓은 눈에 법계의 당기입니다.

이 위에 부처님의 국토에 작은 티끌 수만치 많은 세계를 지나 세계가 있나니 이름이 넓은 광명에 보배로 장엄한 것이요

부처님의 이름은 수승한 지혜의 큰 상주商主입니다.

이 위에 부처님의 국토에 작은 티끌 수만치 많은 세계를 지나 세계가 있나니 이름이 연꽃 왕이요

부처님의 이름은 달빛 당기입니다.

이 위에 부처님의 국토에 작은 티끌 수만치 많은 세계를 지나 세계가 있나니 이름이 때를 떠난 창고요

부처님의 이름은 청정한 깨달음입니다.

이 위에 부처님의 국토에 작은 티끌 수만치 많은 세계를 지나 세계가 있나니 이름이 보배 광명이요

부처님의 이름은 일체 지혜인 허공의 등불입니다.

이 위에 부처님의 국토에 작은 티끌 수만치 많은 세계를 지나 세계가 있나니 이름이 보배 영락을

출생하는 것이요

부처님의 이름은 모든 바라밀 복덕 바다 모습의 광명입니다.

이 위에 부처님의 국토에 작은 티끌 수만치 많은 세계를 지나 세계가 있나니 이름이 묘한 바퀴로 두루 덮는 것이요

부처님의 이름은 일체 염착하는 마음을 조복하여 하여금 환희케 하는 것입니다.

이 위에 부처님의 국토에 작은 티끌 수만치 많은 세계를 지나 세계가 있나니 이름이 보배 꽃 당기요

부처님의 이름은 넓은 공덕의 음성에 크게 이름을 드날리는 것입니다.

이 위에 부처님의 국토에 작은 티끌 수만치 많은 세계를 지나 세계가 있나니 이름이 한량없는 장엄 이요

부처님의 이름은 평등한 지혜 광명의 공덕 바다입

니다.

이 위에 부처님의 국토에 작은 티끌 수만치 많은 세계를 지나 세계가 있나니 이름이 끝없는 광명으로 장엄한 당기입니다.

그 형상이 연꽃과 같으며

일체 보배 그물의 바다를 의지하여 안주하며

연꽃 광명 마니 그물이 그 위를 가득히 덮었으며

스물 부처님의 국토에 작은 티끌 수만치 많은 세계가 에워쌌으며

순일하게 청정하며

부처님의 이름은 법계의 청정한 광명입니다.

모든 불자여, 이 끝없는 광명 바퀴의 향수해를 오른쪽으로 돌아 다음으로 향수해가 있나니 이름이 금강 보배 불꽃 광명이요

세계종은 이름이 부처님의 광명으로 장엄한 창고

입니다.

일체 여래의 이름을 부르고 설하는 음성으로써 체성을 삼았습니다.

이 가운데 최고 하방에 세계가 있나니 이름이 보배 불꽃 연꽃입니다.

그 형상이 비유하자면 마니 색깔의 미간백호상과 같으며

일체 보배 색깔의 물이 도는 바다를 의지하여 안주하며

일체 장엄한 누각의 구름이 그 위를 가득히 덮었으며

부처님의 국토에 작은 티끌 수만치 많은 세계가 에워쌌으며

순일하게 청정하며

부처님의 이름은 때 없는 보배의 광명입니다.

이 위에 부처님의 국토에 작은 티끌 수만치 많은 세계를 지나 세계가 있나니 이름이 광명 불꽃의 창고요

부처님의 이름은 걸림 없이 자재한 지혜의 광명입니다.

이 위에 부처님의 국토에 작은 티끌 수만치 많은 세계를 지나 세계가 있나니 이름이 보배 바퀴로 묘하게 장엄한 것이요

부처님의 이름은 일체 보배의 광명입니다.

이 위에 부처님의 국토에 작은 티끌 수만치 많은 세계를 지나 세계가 있나니 이름이 전단나무 꽃의 당기요

부처님의 이름은 청정한 지혜의 광명입니다.

이 위에 부처님의 국토에 작은 티끌 수만치 많은 세계를 지나 세계가 있나니 이름이 부처님의 국토를 묘하게 장엄한 것이요

부처님의 이름은 광대한 환희의 음성입니다.

이 위에 부처님의 국토에 작은 티끌 수만치 많은 세계를 지나 세계가 있나니 이름이 묘한 광명으로 장엄한 것이요

부처님의 이름은 법계에 자재한 지혜입니다.

이 위에 부처님의 국토에 작은 티끌 수만치 많은 세계를 지나 세계가 있나니 이름이 끝없는 모습이요

부처님의 이름은 걸림 없는 지혜입니다.

이 위에 부처님의 국토에 작은 티끌 수만치 많은 세계를 지나 세계가 있나니 이름이 불꽃 구름의 당기요

부처님의 이름은 물러나지 않는 법륜을 연설하는 것입니다.

이 위에 부처님의 국토에 작은 티끌 수만치 많은 세계를 지나 세계가 있나니 이름이 수많은 보배로 장엄한 청정한 바퀴요

부처님의 이름은 때를 떠난 연꽃의 광명입니다.

이 위에 부처님의 국토에 작은 티끌 수만치 많은 세계를 지나 세계가 있나니 이름이 광대하게 벗어난 것이요

부처님의 이름은 걸림 없는 지혜 태양의 눈입니다.

이 위에 부처님의 국토에 작은 티끌 수만치 많은 세계를 지나 세계가 있나니 이름이 묘하게 장엄한 금강의 자리요

부처님의 이름은 법계 지혜의 광대한 광명입니다.

이 위에 부처님의 국토에 작은 티끌 수만치 많은 세계를 지나 세계가 있나니 이름이 지혜로 널리 장엄한 것이요

부처님의 이름은 지혜의 횃불 광명왕입니다.

이 위에 부처님의 국토에 작은 티끌 수만치 많은 세계를 지나 세계가 있나니 이름이 연꽃 못에 깊고도 묘한 음성이요

부처님의 이름은 일체 지혜로 널리 비추는 것입니다.

이 위에 부처님의 국토에 작은 티끌 수만치 많은 세계를 지나 세계가 있나니 이름이 가지가지 색깔의 광명이요

부처님의 이름은 넓은 광명 꽃 왕의 구름입니다.

이 위에 부처님의 국토에 작은 티끌 수만치 많은 세계를 지나 세계가 있나니 이름이 묘한 보배의 당기요

부처님의 이름은 공덕의 광명입니다.

이 위에 부처님의 국토에 작은 티끌 수만치 많은 세계를 지나 세계가 있나니 이름이 마니 꽃 백호상의 광명이요

부처님의 이름은 넓은 음성의 구름입니다.

이 위에 부처님의 국토에 작은 티끌 수만치 많은

세계를 지나 세계가 있나니 이름이 깊고도 깊은 바다요

부처님의 이름은 시방중생의 주인입니다.

이 위에 부처님의 국토에 작은 티끌 수만치 많은 세계를 지나 세계가 있나니 이름이 수미산 광명이요

부처님의 이름은 법계에 넓은 지혜의 음성입니다.

이 위에 부처님의 국토에 작은 티끌 수만치 많은 세계를 지나 세계가 있나니 이름이 황금 연꽃이요

부처님의 이름은 복덕의 창고에 넓은 광명입니다.

이 위에 부처님의 국토에 작은 티끌 수만치 많은 세계를 지나 세계가 있나니 이름이 보배로 장엄한 창고입니다.

그 형상이 만 자와 같으며

일체 향 마니로 장엄한 나무의 바다를 의지하여 안주하며

청정한 광명의 구름이 그 위를 가득히 덮었으며

스물 부처님의 국토에 작은 티끌 수만치 많은 세계가 에워쌌으며

순일하게 청정하며

부처님의 이름은 크게 변화하는 광명의 구름입니다.

모든 불자여, 이 금강 보배 불꽃 향수해를 오른쪽으로 돌아 다음으로 향수해가 있나니 이름이 검푸른 보배로 장엄한 것이요

세계종은 이름이 광명이 시방을 비추는 것입니다.

일체 묘하게 장엄한 연꽃 향기의 구름을 의지하여 안주하며

끝없는 부처님의 음성으로써 체성을 삼았습니다.

이 최고 하방에 세계가 있나니 이름이 시방에 끝없는 색상 창고의 바퀴입니다.

그 형상이 두루 돌아 한량없는 각이 있으며

끝없는 색상에 일체 보배 창고의 바다를 의지하여
안주하며

인다라 그물이 그 위를 덮었으며

부처님의 국토에 작은 티끌 수만치 많은 세계가
에워쌌으며

순일하게 청정하며

부처님의 이름은 연꽃 눈 광명으로 두루 비추는
것입니다.

이 위에 부처님의 국토에 작은 티끌 수만치 많은
세계를 지나 세계가 있나니 이름이 청정하고 묘하게
장엄한 창고요

부처님의 이름은 더 이상 없는 지혜 가진 큰 사자師
子입니다.

이 위에 부처님의 국토에 작은 티끌 수만치 많은
세계를 지나 세계가 있나니 이름이 연꽃이 출현하는

자리요

부처님의 이름은 법계를 두루 비추는 광명의 왕입
니다.

이 위에 부처님의 국토에 작은 티끌 수만치 많은
세계를 지나 세계가 있나니 이름이 보배 당기의
음성이요

부처님의 이름은 큰 공덕으로 널리 이름을 드날리
는 것입니다.

이 위에 부처님의 국토에 작은 티끌 수만치 많은
세계를 지나 세계가 있나니 이름이 금강의 보배로
장엄한 창고요

부처님의 이름은 연꽃 태양 광명입니다.

이 위에 부처님의 국토에 작은 티끌 수만치 많은
세계를 지나 세계가 있나니 이름이 인다라 꽃달이요

부처님의 이름은 진리가 자재한 지혜의 당기입
니다.

이 위에 부처님의 국토에 작은 티끌 수만치 많은 세계를 지나 세계가 있나니 이름이 묘한 바퀴의 창고요

부처님의 이름은 크게 환희하는 청정한 음성입니다.

이 위에 부처님의 국토에 작은 티끌 수만치 많은 세계를 지나 세계가 있나니 이름이 묘한 음성의 창고요

부처님의 이름은 큰 힘 가진 좋은 상주商主입니다.

이 위에 부처님의 국토에 작은 티끌 수만치 많은 세계를 지나 세계가 있나니 이름이 청정한 달이요

부처님의 이름은 수미산 광명에 지혜의 힘입니다.

이 위에 부처님의 국토에 작은 티끌 수만치 많은 세계를 지나 세계가 있나니 이름이 끝없는 장엄의 모습이요

부처님의 이름은 방편 원력의 청정한 달빛입니다.

이 위에 부처님의 국토에 작은 티끌 수만치 많은 세계를 지나 세계가 있나니 이름이 묘한 꽃의 음성이요

부처님의 이름은 진리의 바다에 큰 서원의 음성입니다.

이 위에 부처님의 국토에 작은 티끌 수만치 많은 세계를 지나 세계가 있나니 이름이 일체 보배로 장엄한 것이요

부처님의 이름은 공덕의 보배에 광명의 모습입니다.

이 위에 부처님의 국토에 작은 티끌 수만치 많은 세계를 지나 세계가 있나니 이름이 견고한 땅이요

부처님의 이름은 아름다운 음성에 가장 수승한 하늘입니다.

이 위에 부처님의 국토에 작은 티끌 수만치 많은 세계를 지나 세계가 있나니 이름이 넓은 광명으로

잘 교화하는 것이요

부처님의 이름은 큰 정진에 고요한 지혜입니다.

이 위에 부처님의 국토에 작은 티끌 수만치 많은 세계를 지나 세계가 있나니 이름이 잘 수호하는 장엄의 행이요

부처님의 이름은 보는 이에게 환희를 내게 하는 것입니다.

이 위에 부처님의 국토에 작은 티끌 수만치 많은 세계를 지나 세계가 있나니 이름이 전단 보배 꽃의 창고요

부처님의 이름은 깊고도 깊어 가히 움직일 수 없는 지혜의 광명으로 두루 비추는 것입니다.

이 위에 부처님의 국토에 작은 티끌 수만치 많은 세계를 지나 세계가 있나니 이름이 가지가지 색상의 바다요

부처님의 이름은 사의할 수 없이 수승한 의왕義王

의 광명을 널리 놓는 것입니다.

이 위에 부처님의 국토에 작은 티끌 수만치 많은 세계를 지나 세계가 있나니 이름이 시방에 대광명을 화현하는 것이요

부처님의 이름은 수승한 공덕에 위대한 광명은 더불어 같을 이가 없는 것입니다.

이 위에 부처님의 국토에 작은 티끌 수만치 많은 세계를 지나 세계가 있나니 이름이 수미산 구름의 당기요

부처님의 이름은 지극히 청정한 광명의 눈입니다.

이 위에 부처님의 국토에 작은 티끌 수만치 많은 세계를 지나 세계가 있나니 이름이 연꽃이 두루 비추는 것입니다.

그 형상이 두루 원만하며

끝없는 색깔에 수없이 묘한 향기 나는 마니의 바다를 의지하여 안주하며

일체 수레로 장엄한 구름이 그 위를 덮었으며

스물 부처님의 국토에 작은 티끌 수만치 많은
세계가 에워쌌으며

순일하게 청정하며

부처님의 이름은 해탈정진의 태양입니다.

모든 불자여, 이 검푸른 보배로 장엄한 향수해를
오른쪽으로 돌아 다음으로 향수해가 있나니 이름이
금강 바퀴로 바닥을 장엄한 것이요

세계종은 이름이 묘한 보배로 사이에 섞어 꾸민
인다라 그물입니다.

보현의 지혜로 낸 바 음성으로써 체성을 삼았습
니다.

이 가운데 최고 하방에 세계가 있나니 이름이
연꽃의 그물입니다.

그 형상이 비유하자면 수미산의 형상과 같으며

수많은 묘한 꽃산 당기의 바다를 의지하여 안주하며

부처님 경계의 마니왕인 제석천 그물의 구름이 그 위를 덮었으며

부처님의 국토에 작은 티끌 수만치 많은 세계가 에워쌌으며

순일하게 청정하며

부처님의 이름은 법신으로 널리 깨달은 지혜입니다.

이 위에 부처님의 국토에 작은 티끌 수만치 많은 세계를 지나 세계가 있나니 이름이 끝없는 태양의 광명이요

부처님의 이름은 가장 수승하고 크게 깨달은 지혜입니다.

이 위에 부처님의 국토에 작은 티끌 수만치 많은

세계를 지나 세계가 있나니 이름이 널리 묘한 광명을 놓는 것이요

부처님의 이름은 큰 복덕의 구름이 끝이 없는 힘입니다.

이 위에 부처님의 국토에 작은 티끌 수만치 많은 세계를 지나 세계가 있나니 이름이 나무꽃의 당기요 부처님의 이름은 끝없는 지혜 법계의 음성입니다.

이 위에 부처님의 국토에 작은 티끌 수만치 많은 세계를 지나 세계가 있나니 이름이 진주 일산이요 부처님의 이름은 바라밀 사자의 빈신입니다.

이 위에 부처님의 국토에 작은 티끌 수만치 많은 세계를 지나 세계가 있나니 이름이 끝없는 음성이요 부처님의 이름은 일체지 묘한 깨달음의 지혜입니다.

이 위에 부처님의 국토에 작은 티끌 수만치 많은 세계를 지나 세계가 있나니 이름이 널리 나무 봉우리

를 보는 것이요

부처님의 이름은 널리 중생 앞에 나타나는 것입
니다.

이 위에 부처님의 국토에 작은 티끌 수만치 많은
세계를 지나 세계가 있나니 이름이 사자 같은 제석천
그물의 광명이요

부처님의 이름은 때 없는 태양 금색 광명 불꽃의
구름입니다.

이 위에 부처님의 국토에 작은 티끌 수만치 많은
세계를 지나 세계가 있나니 이름이 수많은 보배로
사이에 섞어 꾸민 것이요

부처님의 이름은 제석의 당기처럼 가장 수승한
지혜입니다.

이 위에 부처님의 국토에 작은 티끌 수만치 많은
세계를 지나 세계가 있나니 이름이 때 없는 광명의
땅이요

부처님의 이름은 일체 힘이 청정한 달입니다.

이 위에 부처님의 국토에 작은 티끌 수만치 많은 세계를 지나 세계가 있나니 이름이 항상 부처님의 공덕을 찬탄하는 소리를 내는 것이요

부처님의 이름은 허공과 같은 넓은 깨달음의 지혜입니다.

이 위에 부처님의 국토에 작은 티끌 수만치 많은 세계를 지나 세계가 있나니 이름이 높이 솟은 불꽃 창고요

부처님의 이름은 시방에 큰 구름의 당기를 화현한 것입니다.

이 위에 부처님의 국토에 작은 티끌 수만치 많은 세계를 지나 세계가 있나니 이름이 광명으로 장엄한 도량이요

부처님의 이름은 비등할 수 없는 지혜로 널리 비추는 것입니다.

이 위에 부처님의 국토에 작은 티끌 수만치 많은 세계를 지나 세계가 있나니 이름이 일체 보배의 장엄을 출생하는 것이요

부처님의 이름은 널리 중생을 제도하는 신통의 왕입니다.

이 위에 부처님의 국토에 작은 티끌 수만치 많은 세계를 지나 세계가 있나니 이름이 광명으로 장엄한 묘한 궁전이요

부처님의 이름은 일체 의리로 성취한 광대한 지혜입니다.

이 위에 부처님의 국토에 작은 티끌 수만치 많은 세계를 지나 세계가 있나니 이름이 번뇌를 떠난 적정이요

부처님의 이름은 헛되이 나타나지 않는 것입니다.

이 위에 부처님의 국토에 작은 티끌 수만치 많은 세계를 지나 세계가 있나니 이름이 마니 꽃의 당기요

부처님의 이름은 마음을 기쁘게 하는 길상의 소리입니다.

이 위에 부처님의 국토에 작은 티끌 수만치 많은 세계를 지나 세계가 있나니 이름이 넓은 구름의 창고입니다.

그 형상이 비유하자면 누각의 형상과 같으며

가지가지 궁전에 향수의 바다를 의지하여 안주하며

일체 보배의 등불이 그 위를 가득히 덮었으며

스물 부처님의 국토에 작은 티끌 수만치 많은 세계가 에워쌌으며

순일하게 청정하며

부처님의 이름은 가장 수승함을 깨달은 신통의 왕입니다.

모든 불자여, 이 금강 바퀴로 바닥을 장엄한 향수

해를 오른쪽으로 돌아 다음으로 향수해가 있나니
이름이 연꽃 인다라 그물이요

세계종은 이름이 널리 시방에 그림자를 나타내는
것입니다.

일체 향 마니로 장엄한 연꽃을 의지하여 안주하며

일체 부처님의 지혜 광명의 음성으로 체성을 삼았
습니다.

이 가운데 최고 하방에 세계가 있나니 이름이
중생의 바다에 보배의 광명입니다.

그 형상이 비유하자면 진주의 창고와 같으며

일체 마니 영락의 바다를 의지하여 돌아 안주하며

향수 광명 마니의 구름이 그 위를 덮었으며

부처님의 국토에 작은 티끌 수만치 많은 세계가
에워쌌으며

순일하게 청정하며

부처님의 이름은 사의할 수 없는 공덕으로 두루

비추는 달입니다.

　이 위에 부처님의 국토에 작은 티끌 수만치 많은 세계를 지나 세계가 있나니 이름이 묘한 향의 바퀴요
　부처님의 이름은 한량없는 힘의 당기입니다.
　이 위에 부처님의 국토에 작은 티끌 수만치 많은 세계를 지나 세계가 있나니 이름이 묘한 광명의 바퀴요
　부처님의 이름은 법계 광명의 음성에 깨달음의 지혜입니다.
　이 위에 부처님의 국토에 작은 티끌 수만치 많은 세계를 지나 세계가 있나니 이름이 사자후 소리 마니의 당기요
　부처님의 이름은 연꽃 광명이 항상 드리우는 묘한 팔입니다.
　이 위에 부처님의 국토에 작은 티끌 수만치 많은

세계를 지나 세계가 있나니 이름이 지극히 견고한 바퀴요

부처님의 이름은 퇴전하지 않는 공덕의 바다에 광명입니다.

이 위에 부처님의 국토에 작은 티끌 수만치 많은 세계를 지나 세계가 있나니 이름이 수많은 수행의 광명으로 장엄한 것이요

부처님의 이름은 일체 지혜가 넓고 수승하고 높은 것입니다.

이 위에 부처님의 국토에 작은 티끌 수만치 많은 세계를 지나 세계가 있나니 이름이 사자의 자리를 두루 비추는 것이요

부처님의 이름은 사자의 광명에 한량없는 힘으로 깨달은 지혜입니다.

이 위에 부처님의 국토에 작은 티끌 수만치 많은 세계를 지나 세계가 있나니 이름이 보배의 불꽃으로

장엄한 것이요

부처님의 이름은 일체법 청정한 지혜입니다.

이 위에 부처님의 국토에 작은 티끌 수만치 많은 세계를 지나 세계가 있나니 이름이 한량없는 등불이요

부처님의 이름은 근심 없는 모습입니다.

이 위에 부처님의 국토에 작은 티끌 수만치 많은 세계를 지나 세계가 있나니 이름이 항상 부처님의 음성을 듣는 것이요

부처님의 이름은 자연히 수승하고 위대한 광명입니다.

이 위에 부처님의 국토에 작은 티끌 수만치 많은 세계를 지나 세계가 있나니 이름이 청정하게 변화하는 것이요

부처님의 이름은 황금 연꽃의 광명입니다.

이 위에 부처님의 국토에 작은 티끌 수만치 많은

세계를 지나 세계가 있나니 이름이 널리 시방에 들어가는 것이요

부처님의 이름은 법계를 관찰하는 사자빈신의 지혜입니다.

이 위에 부처님의 국토에 작은 티끌 수만치 많은 세계를 지나 세계가 있나니 이름이 치연한 불꽃이요

부처님의 이름은 광명의 불꽃 나무 긴나라왕입니다.

이 위에 부처님의 국토에 작은 티끌 수만치 많은 세계를 지나 세계가 있나니 이름이 향기 광명이 두루 비추는 것이요

부처님의 이름은 향기 등불로 잘 교화하는 왕입니다.

이 위에 부처님의 국토에 작은 티끌 수만치 많은 세계를 지나 세계가 있나니 이름이 한량없는 꽃 뭉치 바퀴요

부처님의 이름은 널리 부처님의 공덕을 나타내는 것입니다.

이 위에 부처님의 국토에 작은 티끌 수만치 많은 세계를 지나 세계가 있나니 이름이 수없이 묘하고 넓고 청정한 것이요

부처님의 이름은 일체법에 평등한 신통의 왕입니다.

이 위에 부처님의 국토에 작은 티끌 수만치 많은 세계를 지나 세계가 있나니 이름이 황금 광명의 바다요

부처님의 이름은 시방에 자재로 크게 변화하는 것입니다.

이 위에 부처님의 국토에 작은 티끌 수만치 많은 세계를 지나 세계가 있나니 이름이 진주 꽃의 창고요

부처님의 이름은 세계에 보배 광명으로 사의할 수 없는 지혜입니다.

이 위에 부처님의 국토에 작은 티끌 수만치 많은 세계를 지나 세계가 있나니 이름이 제석천의 수미산에 사자의 자리요

부처님의 이름은 수승한 힘의 광명입니다.

이 위에 부처님의 국토에 작은 티끌 수만치 많은 세계를 지나 세계가 있나니 이름이 끝없는 보배 광명이 널리 비추는 것입니다.

그 형상이 네모이며

꽃숲의 바다를 의지하여 안주하며

널리 끝없는 색깔의 마니왕을 비 내리는 제석의 그물이 그 위를 덮었으며

스물 부처님의 국토에 작은 티끌 수만치 많은 세계가 에워쌌으며

순일하게 청정하며

부처님의 이름은 두루 세간을 비추는 가장 수승한 음성입니다.

관허 수진貫虛 守眞

1971년 문성 스님을 은사로 출가, 1974년 수계, 해인사 강원과 금산사 화엄학림을 졸업하고, 운성, 운기 등 당대 강백 열 분에게 10년간 참문수학하였다.

1984년부터 수선안거 10년을 성만하고, 1993년부터 7년간 해인사 강원 강주로 학인들을 지도하였다.

대한불교조계종 교육위원, 역경위원, 교재편찬위원, 중앙종회의원, 범어사 율학승가대학원장 및 율주를 역임하였다.

현재 부산 승학산 해인정사에 주석하면서, 대한불교조계종 고시위원장, 단일계단 계단위원·존증아사리, 동명대학교 석좌교수, 동명대학교 세계선센터 선원장 등의 소임을 맡고 있다.

화엄경 독경본 2

초판 1쇄 인쇄 2022년 9월 29일 | **초판 1쇄 발행** 2022년 10월 7일
옮긴이 관허 수진 | **펴낸이** 김시열
펴낸곳 도서출판 운주사

(02832) 서울시 성북구 동소문로 67-1 성심빌딩 3층
전화 (02) 926-8361 | **팩스** 0505-115-8361
ISBN 978-89-5746-710-7 04220   값 16,000원
ISBN 978-89-5746-674-2 (세트)
http://cafe.daum.net/unjubooks 〈다음카페: 도서출판 운주사〉